·中华传统智慧图说今解·

弟子规

图说今解

赵城立◎主编

山东大学出版社

图书在版编目（CIP）数据

弟子规图说今解/赵城立主编. —济南：山东大学出版社，2020.7

ISBN 978-7-5607-6671-3

Ⅰ.①弟… Ⅱ.①赵… Ⅲ.①古汉语—启蒙读物 Ⅳ.①H194.1

中国版本图书馆 CIP 数据核字（2020）第 138470 号

策划编辑 秦大忠 杜永波
责任编辑 秦大忠
封面设计 刘永辉
美术编辑 牛 钧

出版发行 山东大学出版社
社 址 山东省济南市山大南路 20 号
邮政编码 250100
发行热线 （0531）88363008
经 销 新华书店
印 刷 济南华林彩印有限公司
规 格 720 毫米×1000 毫米 1/16
12 印张 166 千字
版 次 2020 年 7 月第 1 版
印 次 2020 年 7 月第 1 次印刷
定 价 39.00 元

《弟子规图说今解》
编委会

主　编　赵城立

编　委　秦大勇　木　影　赵　勇

透过活泼而深入的今解领略传统智慧的妙乐（代序）

若说荐序，作为中国文化的弟子，深知自己杯水浅薄，更不敢在此造言，只想从自己深入研究的文化创意角度入手，略谈一二。

熟悉会成为墨守的温床，在时代中冒险，恰是“乘桴浮于海”给我们的勇气，今日我们一起扬帆，共同驶近《弟子规图说今解》。

教育并非说教，规矩也不是教条；在中国优秀传统文化复兴的今天，温故而知新，用浪漫的时代之笔、深入浅出的语言风格、灵动的漫画场景设计，勾勒出一幅敦厚以崇礼的亲爱社会，此为时代之新，亦为本书不同于传统教育出品的活泼之处。

如何能让人发自内心地去热爱一件事物，知之者不如好之者，好之者不如乐之者，唯有发自内心之乐，才可以纵横于书海之中，学而不厌，则可勇猛起来，孩童的骨血入了书味，便终生受益，度过一个快乐的人生，此为本书的另一要紧处：感受并领略传统智慧的妙乐。

今日所写，皆来自于这段时间阅读《弟子规图说今解》的切身感言，并在此创作中又对圣人之言生起壮大的信心。愿我们共读经典，实践经典，士不可不弘毅，一起努力。

本来文化创始人　木　影

2020 年 6 月

代序

的实相引导我们放下执着、掌控情绪的大智慧。这三家国学代表思想，相互之间是完美结合的关系，缺一不可，这也正是自古以来儒释道并提的根本原因所在。《弟子规》就是承载儒家之“内圣”智慧的经典著作之一，教我们如何成为君子，甚至成圣成贤，是每一个人都应该学习和实践的。

目前市面上流行的《弟子规》可谓版本众多，但基本上都是围绕《弟子规》中的内容，告诉我们应该怎么做才能成为君子。诚然，《弟子规》中所涉及的内容都是合道的，都是正确的，但是，如果不解决以下两个问题，是很难为今人所用、令今人受益的：

第一，书中内容如何与当代社会的特点相结合？

第二，明白了道理，如何将其应用到实践中且获得可持续的效果？

至少从目前社会上所流行的《弟子规》版本来看，似乎很少有能解决这两个问题的。而本书最大的特色，恰恰是围绕如何解决这两个问题而展开的，因而更具借鉴性、可操作性以及可持续性。任何一门学问，要想得到大众的接受和认可，就必须要将如此做的“好处”讲清楚，因为，大多数人都是“无利不起早”的。而今天我们推出的《弟子规图说今解》这本书所着眼的“好处”，一个是可以荡涤心灵，一个是带来家庭的和谐、幸福。可以说，书中的内容都是经历了实践检验的、具有十足生命力的智慧总结。想来，读完这本书，即便是那些“顽固”地不喜欢《弟子规》的人，也将观念一新、踊跃欢喜地积极实践书中的智慧！

本书的内容，主要是以编者三年多来线上国学讲习的内容为基础编纂而成的，故在语式方面多有口语化的倾向，不过也正因如此，读来或许会令人感觉更通俗易懂、简单朴实。鉴于同样的内容曾经使许许多多有缘的个人、家庭受益，编者坚信，如今将这些经过实践证明行之有效的东西以图书的形式正式出版，必可让更多的有缘人受益。

随着中国经济、政治、文化等各方面的高速发展，中国传统文化势必会成为全球关注的焦点。而能与当代生活相结合的传统文化应用方法的提出，对于更好地弘扬伟大的中国传统文化，应该具有重要的意义。希望本书能成为可承载此使命的图书之一。

最后，特别要感谢围绕本书出版，从提出出版建议，到组织插画绘制、内容编排以及进行种种沟通联络都付出了大量心血和精力的秦大忠老师。没有大忠老师，就没有此书的诞生。请允许我代表全体参编人员及每一位读者，向大忠老师表示诚挚的感谢！

赵城立

2020 年 6 月

目　录

dì zǐ guī

弟子规

qīng lǐ yù xiù

（清）李毓秀

dì zǐ guī shèng rén xùn
弟子规，圣人训。

shǒu xiào tì cì jǐn xìn
首孝悌，次谨信。

fàn ài zhòng ér qīn rén
泛爱众，而亲仁。

yǒu yú lì zé xué wén
有余力，则学文。

fù mǔ hū yīng wù huǎn fù mǔ mìng xíng wù lǎn
父母呼，应勿缓。父母命，行勿懒。

fù mǔ jiāo xū jìng tīng fù mǔ zé xū shùn chéng
父母教，须敬听。父母责，须顺承。

dong zé wēn xià zé qìng chén zé xǐng hūn zé dìng
冬则温，夏则凊。晨则省，昏则定。

chū bì gào fǎn bì miàn jū yǒu cháng yè wú biàn
出必告，反必面。居有常，业无变。

shì suī xiǎo wù shàn wéi gǒu shàn wéi zǐ dào kuī
事虽小，勿擅为。苟擅为，子道亏。

wù suī xiǎo wù sī cáng gǒu sī cáng qīn xīn shāng
物虽小，勿私藏。苟私藏，亲心伤。

qīn suǒ hào lì wèi jù qīn suǒ wù jǐn wèi qù
亲所好，力为具。亲所恶，谨为去。

shēn yǒu shāng yí qīn yōu dé yǒu shāng yí qīn xiū
身有伤，贻亲忧。德有伤，贻亲羞。

原文

qīn ài wǒ xiào hé nán qīn zēng wǒ xiào fāng xián
亲爱我，孝何难。亲憎我，孝方贤。

qīn yǒu guò jiàn shǐ gēng yí wú sè róu wú shēng
亲有过，谏使更。怡吾色，柔吾声。

jiàn bú rù yuè fù jiàn háo qì suí tà wú yuàn
谏不入，悦复谏。号泣随，挞无怨。

qīn yǒu jí yào xiān cháng zhòu yè shì bù lí chuáng
亲有疾，药先尝。昼夜侍，不离床。

sāng sān nián cháng bēi yè jū chù biàn jiǔ ròu jué
丧三年，常悲咽。居处变，酒肉绝。

sàng jìn lǐ jì jìn chéng shì sǐ zhě rú shì shēng
丧尽礼，祭尽诚。事死者，如事生。

xiōng dào yǒu dì dào gōng xiōng dì mù xiào zài zhōng
兄道友，弟道恭。兄弟睦，孝在中。

cái wù qīng yuàn hé shēng yán yǔ rěn fèn zì mǐn
财物轻，怨何生。言语忍，忿自泯。

huò yǐn shí huò zuò zǒu zhǎng zhě xiān yòu zhě hòu
或饮食，或坐走。长者先，幼者后。

zhǎng hū rén jí dài jiào rén bú zài jǐ jí dào
长呼人，即代叫。人不在，己即到。

chēng zūn zhǎng wù hū míng duì zūn zhǎng wù xiàn néng
称尊长，勿呼名。对尊长，勿见能。

lù yù zhǎng jí qū yī zhǎng wú yán tuì gōng lì
路遇长，疾趋揖。长无言，退恭立。

jì xià mǎ shèng xià chē guò yóu dài bǎi bù yú
骑下马，乘下车。过犹待，百步余。

zhǎng zhě lì yòu wù zuò zhǎng zhě zuò mìng nǎi zuò
长者立，幼勿坐。长者坐，命乃坐。

zūn zhǎng qián shēng yào dī dī bù wén què fēi yí
尊长前，声要低。低不闻，却非宜。

jìn bì qū tuì bì chí wèn qǐ duì shì wù yí
进必趋，退必迟。问起对，视勿移。

shì zhū fù　rú shì fù　shì zhū xiōng　rú shì xiōng
事诸父，如事父。事诸兄，如事兄。

zhāo qǐ zǎo　yè mián chí　lǎo yì zhì　xī cǐ shí
朝起早，夜眠迟。老易至，惜此时。

chén bì guàn　jiān shù kǒu　biàn nì huí　zhé jìng shǒu
晨必盥，兼漱口。便溺回，辄净手。

guān bì zhèng　niǔ bì jié　wà yǔ lǚ　jù jǐn qiè
冠必正，纽必结。袜与履，俱紧切。

zhì guān fú　yǒu dìng wèi　wù luàn dùn　zhì wū huì
置冠服，有定位。勿乱顿，致污秽。

yī guì jié　bú guì huá　shàng xún fèn　xià chèn jiā
衣贵洁，不贵华。上循分，下称家。

duì yǐn shí　wù jiǎn zé　shí shì kě　wù guò zé
对饮食，勿拣择。食适可，勿过则。

nián fāng shào　wù yǐn jiǔ　yǐn jiǔ zuì　zuì wéi chǒu
年方少，勿饮酒。饮酒醉，最为丑。

bù cóng róng　lì duān zhèng　yī shēn yuán　bài gōng jìng
步从容，立端正。揖深圆，拜恭敬。

wù jiàn yù　wù bǒ yǐ　wù jī jù　wù yáo bì
勿践阈，勿跛倚。勿箕踞，勿摇髀。

huǎn jiē lián　wù yǒu shēng　kuān zhuǎn wān　wù chù léng
缓揭帘，勿有声。宽转弯，勿触棱。

zhí xū qì　rú zhí yíng　rù xū shì　rú yǒu rén
执虚器，如执盈。入虚室，如有人。

shì wù máng　máng duō cuò　wù wèi nàn　wù qīng lüè
事勿忙，忙多错。勿畏难，勿轻略。

dǒu nào chǎng　jué wù jìn　xié pì shì　jué wù wèn
斗闹场，绝勿近。邪僻事，绝勿问。

jiāng rù mén　wèn shú cún　jiāng shàng táng　shēng bì yáng
将入门，问孰存。将上堂，声必扬。

rén wèn shuí　duì yǐ míng　wú yǔ wǒ　bù fēn míng
人问谁，对以名。吾与我，不分明。

yòng rén wù　xū míng qiú　tǎng bù wèn　jí wéi tōu
用人物，须明求。倘不问，即为偷。

jiè rén wù　jí shí huán　hòu yǒu jí　jiè bù nán
借人物，及时还。后有急，借不难。

fán chū yán　xìn wéi xiān　zhà yǔ wàng　xī kě yān
凡出言，信为先。诈与妄，奚可焉。

huà shuō duō　bù rú shǎo　wéi qí shì　wù nìng qiǎo
话说多，不如少。惟其是，勿佞巧。

jiān qiǎo yǔ　huì wū cí　shì jǐng qì　qiē jiè zhī
奸巧语，秽污词。市井气，切戒之。

jiàn wèi zhēn　wù qīng yán　zhī wèi dì　wù qīng chuán
见未真，勿轻言。知未的，勿轻传。

shì fēi yí　wù qīng nuò　gǒu qīng nuò　jìn tuì cuò
事非宜，勿轻诺。苟轻诺，进退错。

fán dào zì　zhòng qiě shū　wù jí jí　wù mó hú
凡道字，重且舒。勿急疾。勿模糊。

bǐ shuō cháng　cǐ shuō duǎn　bù guān jǐ　mò xián guǎn
彼说长，此说短。不关己，莫闲管。

jiàn rén shàn　jí sī qí　zòng qù yuǎn　yǐ jiàn jī
见人善，即思齐。纵去远，以渐跻。

jiàn rén è　jí nèi xǐng　yǒu zé gǎi　wú jiā jǐng
见人恶，即内省。有则改，无加警。

wéi dé xué　wéi cái yì　bù rú rén　dāng zì lì
唯德学，唯才艺。不如人，当自砺。

ruò yī fú　ruò yǐn shí　bù rú rén　wù shēng qī
若衣服，若饮食。不如人，勿生戚。

wén guò nù　wén yù lè　sǔn yǒu lái　yì yǒu què
闻过怒，闻誉乐。损友来，益友却。

wén yù kǒng　wén guò xīn　zhí liàng shì　jiàn xiāng qīn
闻誉恐，闻过欣。直谅士，渐相亲。

wú xīn fēi　míng wéi cuò　yǒu xīn fēi　míng wéi è
无心非，名为错。有心非，名为恶。

guò néng gǎi　guī yú wú　tǎng yǎn shì　zēng yì gū
过能改，归于无。倘掩饰，增一辜。

fán shì rén　jiē xū ài　tiān tóng fù　dì tóng zài
凡是人，皆须爱。天同覆，地同载。

xíng gāo zhě　míng zì gāo　rén suǒ zhòng　fēi mào gāo
行高者，名自高。人所重，非貌高。

cái dà zhě　wàng zì dà　rén suǒ fú　fēi yán dà
才大者，望自大。人所服，非言大。

jǐ yǒu néng　wù zì sī　rén suǒ néng　wù qīng zǐ
己有能，勿自私。人所能，勿轻訾。

wù chǎn fù　wù jiāo pín　wù yàn gù　wù xǐ xīn
勿谄富，勿骄贫。勿厌故，勿喜新。

rén bù xián　wù shì jiǎo　rén bù ān　wù huà rǎo
人不闲，勿事搅。人不安，勿话扰。

rén yǒu duǎn　qiè mò jiē　rén yǒu sī　qiè mò shuō
人有短，切莫揭。人有私，切莫说。

dào rén shàn　jí shì shàn　rén zhī zhī　yù sī miǎn
道人善，即是善。人知之，愈思勉。

yáng rén è　jí shì è　jí zhī shèn　huò qiě zuò
扬人恶，即是恶。疾之甚，祸且作。

shàn xiāng quàn　dé jiē jiàn　guò bù guī　dào liǎng kuī
善相劝，德皆建。过不规，道两亏。

fán qǔ yǔ　guì fēn xiǎo　yǔ yí duō　qǔ yí shǎo
凡取与，贵分晓。与宜多，取宜少。

jiāng jiā rén　xiān wèn jǐ　jǐ bú yù　jí sù yǐ
将加人，先问己。己不欲，即速已。

ēn yù bào　yuàn yù wàng　bào yuàn duǎn　bào ēn cháng
恩欲报，怨欲忘。报怨短，报恩长。

dài bì pú　shēn guì duān　suī guì duān　cí ér kuān
待婢仆，身贵端。虽贵端，慈而宽。

shì fú rén　xīn bù rán　lǐ fú rén　fāng wú yán
势服人，心不然。理服人，方无言。

tóng shì rén lèi bù qí liú sú zhòng rén zhě xī
同是人，类不齐。流俗众，仁者希。

guǒ rén zhě rén duō wèi yán bú huì sè bú mèi
果仁者，人多畏。言不讳，色不媚。

néng qīn rén wú xiàn hǎo dé rì jìn guò rì shǎo
能亲仁，无限好。德日进，过日少。

bù qīn rén wú xiàn hài xiǎo rén jìn bǎi shì huài
不亲仁，无限害。小人进，百事坏。

bú lì xíng dàn xué wén zhǎng fú huá chéng hé rén
不力行，但学文。长浮华，成何人。

dàn lì xíng bù xué wén rèn jǐ jiàn mèi lǐ zhēn
但力行，不学文。任己见，昧理真。

dú shū fǎ yǒu sān dào xīn yǎn kǒu xìn jiē yào
读书法，有三到。心眼口，信皆要。

fāng dú cǐ wù mù bǐ cǐ wèi zhōng bǐ wù qǐ
方读此，勿慕彼。此未终，彼勿起。

kuān wéi xiàn jǐn yòng gōng gōng fū dào zhì sè tōng
宽为限，紧用功。工夫到，滞塞通。

xīn yǒu yí suí zhá jì jiù rén wèn qiú què yì
心有疑，随札记。就人问，求确义。

fáng shì qīng qiáng bì jìng jī àn jié bǐ yàn zhèng
房室清，墙壁净。几案洁，笔砚正。

mò mó piān xīn bù duān zì bú jìng xīn xiān bìng
墨磨偏，心不端。字不敬，心先病。

liè diǎn jí yǒu dìng chù dú kàn bì huán yuán chù
列典籍，有定处。读看毕，还原处。

suī yǒu jí juǎn shù qí yǒu quē huài jiù bǔ zhī
虽有急，卷束齐。有缺坏，就补之。

fēi shèng shū bǐng wù shì bì cōng míng huài xīn zhì
非圣书，屏勿视。蔽聪明，坏心志。

wù zì bào wù zì qì shèng yǔ xián kě xún zhì
勿自暴，勿自弃。圣与贤，可驯致。

总 叙

01

弟子规，圣人训。

02

首孝悌，次谨信。

泛爱众，而亲仁。

有余力，则学文。

智慧启迪

每个中华儿女怎样做好自己，才能为实现中华民族伟大复兴的中国梦尽一份绵薄之力。

★《弟子规》是一本什么样的书？

★《弟子规》的七大要旨是什么？

01

dì zǐ guī shèng rén xùn

弟子规，圣人训。

智慧推送

圣人话语：《弟子规》是根据古代圣人孔子的教诲编写出来的规矩条文，这本书不但是用来教导孩子和学生的，同时也是我们每一个中华儿女应该遵守的最基本的行为准则。《弟子规》里面，句句都是圣人给我们留下的经典话语，告诉我们什么是重要的（好比“西瓜”）、什么是次要的（好比“芝麻”）。

智慧快闪

大道至简： 圣贤经典之所以能够经久不衰，在于其所传达和宣扬的不是自私自利的思想和行为，不是教我们注重小我，而是要我们舍弃小我、拥抱大我，这是完全符合天地自然大道的。圣贤将他们发现的符合天人合一和宇宙大道的真理记录成书，就成为经典，从而具有永恒的生命力。

智慧开花

读经启慧：圣贤经典字里行间蕴含着源源不断的正能量和智慧，读诵经典就是向古圣先贤请教学习，长此以往必然形成同频共振，产生不可思议的体验与智慧。坚持读诵《弟子规》并照着去做，我们的正能量（祖国传统医学称之为“阳气”）就会不断产生，身心也会变得越来越健康阳光。【《黄帝内经·生气通天论》曰：“苍天之气清净，则志意治，顺之则阳气固，虽有贼邪，弗能害也。”读经可使人心清净，人心一旦清净了，身体的阳气也会自然产生，从而百脉通畅、手脚温暖，浑身有劲、乐观高兴。】

弟子规 图说今解

02

shǒu xiào tì cì jǐn xìn
首孝悌，次谨信。

fàn ài zhòng ér qīn rén
泛爱众，而亲仁。

yǒu yú lì zé xué wén
有余力，则学文。

智慧推送

做人标准： 一则孝养父母并友爱兄弟（姐妹），二则严谨有序，三则诚敬守信，四则广爱众生，五则亲近仁德，六则努力学文。

智慧快闪

保持位当：中华伦理博大精深，家道观念影响深远。老人处于家庭的中央位置，犹如家庭大树之根【老人相当于树根，夫妻相当于树干，孩子相当于树上结的果实】，浸润滋养着儿孙。要想树干长得结实、树上结的果实好，必须要在树根上浇水施肥，遵行孝道，如此我们每一个人都会受益。

低傻柔笨：对待兄长，也要恭敬尊重。为人要谦卑低调、谨小慎微、自信诚信，不要太张狂，不要把自己摆得很高。【低下来，柔下来，笨下来，幸福就在不远处等着你！】

爱人如己：做人不要太局限在自己的小我里面，要爱广大的人民、广大的众生，努力扩大自己的心量。“是我的家庭、我的孩子，所以我要疼；是我的父母、我的伴侣，所以我要爱。”这就叫自私自利、小我意识太严重，这种心态就会增加负能量。反之，谁为众人着想、不只为自己着想，谁的正能量就会增强。

扶正亲仁：当我们正能量还不足、负能量还很重的时候，一定要注意亲近有德行的人，而不要去选择自私自利的人做朋友。因为有德行的人一定是为别人着想的，他的正能量是很足的。亲近这种正能量很足的人，有利于自己的正能量不断提升。

文以载道：“首孝悌，次谨信。泛爱众，而亲仁。”前面的这些都做到了，就会形成正确的世界观、人生观、价值观，于是正能量就能提升起来。学到的文化知识成为载体，帮助我们不断增加自己的能量和对社会的贡献，进而使自己真正得到心性、人生的升华。

智慧开花

学道用道：对老人行孝的时候，不要挑剔老人这样或那样的问题、毛病，不要跟老人讲“理”，因为老人的位置决定了我们自己要行好自己的道，只要让老人能够乐呵呵的，什么也不操心、不担心，这棵家庭大树就一定会茁壮成长、结出硕果。在家庭之中，特别是围绕夫妻之间的矛盾，争论“有没有理、看谁讲理”就完全错了，我们不必去讲“理”，也不要被所谓的“感觉”“感情”所迷惑，而是要检查自己有没有行好自己的道。如今，很多家长希望孩子在知识层面学得越多越好、成绩越高越好，这就等于鼓励孩子先学“文”，也就是只看成绩，忽略了孩子的修养和道德建设，这就是违背经典，不合自然大道，于是孩子将来就会出问题。智慧的家长一定会把孩子的道德建设放在第一位，让孩子从小就学会为别人着想，增长正能量，这样他才能为自己将来成就一番事业奠定坚实基础。

入则孝

03

父母呼，应勿缓。父母命，行勿懒。

父母教，须敬听。父母责，须顺承。

04

冬则温，夏则凊。晨则省，昏则定。

出必告，反必面。居有常，业无变。

05

事虽小，勿擅为。苟擅为，子道亏。

物虽小，勿私藏。苟私藏，亲心伤。

06

亲所好，力为具。亲所恶，谨为去。

身有伤，贻亲忧。德有伤，贻亲羞。

07

亲爱我，孝何难。亲憎我，孝方贤。

亲有过，谏使更。怡吾色，柔吾声。

谏不入，悦复谏。号泣随，挞无怨。

亲有疾，药先尝。昼夜侍，不离床。

丧三年，常悲咽。居处变，酒肉绝。

丧尽礼，祭尽诚。事死者，如事生。

智慧启迪

孝道通往辉煌——善爱父母

- 怎样让父母顺心？
- 怎样让父母安心？
- 怎样让父母放心？
- 怎样让父母舒心？
- 何谓真正爱父母？

03

fù mǔ hū, yìng wù huǎn. fù mǔ mìng, xíng wù lǎn.

父母呼，应勿缓。父母命，行勿懒。

fù mǔ jiāo, xū jìng tīng. fù mǔ zé, xū shùn chéng.

父母教，须敬听。父母责，须顺承。

智慧推送

一个无两：孩子和父母原是一体。顺父母之心，是儿女应尽的本分。父母叫我们的时候一定要马上回应，不要迟缓，这样父母就不会担心；父母需要我们做什么的时候一定要尽可能快地行动，不要懒惰，这样父母就会开心；父母有话和我们说的时候，我们一定要恭敬地去聆听，这样父母就会觉得很受尊重；父母责备我们的时候，我们一定要谦虚地接受承担，有则改之，无则加勉，这样父母就会觉得自己的孩子明白事理而引以为豪。

智慧快闪

敏行讷言：孩子对父母，态度和顺最为重要。父母指示我们，我们要做到言语上不对抗并能马上有所行动，这就创造了一个和谐的家庭氛围，等于说抓住了行孝的“神”。对于父母不正确的言行，我们也要想尽一切办法帮助他们，引导父母走到正确的道上来，这才是大孝。

智慧开花

倾听疗法：当父母跟你说什么事情的时候，如果你能耐心恭敬地去聆听，那就是在给父母“排毒”和调节身心，而且不用花钱。父母上岁数以后，有的时候特别喜欢讲自己年轻时候的事，忆苦思甜，却苦于没有人听；有的时候是担心儿女的事情，憋在心里时间长了成了心病。我们只需要带着耳朵，恭恭敬敬地去听，这就是帮助父母把心里的情愫和毒素释放或排解出来，父母的身心就会健康。

04

dōng zé wēn, xià zé qìng. chén zé xǐng, hūn zé dìng.
冬则温，夏则清。晨则省，昏则定。

chū bì gào, fǎn bì miàn. jū yǒu cháng, yè wú biàn.
出必告，反必面。居有常，业无变。

智慧推送

不可分割：孩子和父母，一刻也不能分割。安父母之心，是我们无论何时何地都要做的一个功课。冬天寒冷的时候，要让父母感觉到暖和；夏天酷热的时候，要让他们感觉到清爽。早晨起床以后，要向父母请安；晚上要向父母道晚安，让他们睡安宁。出去的时候一定要告诉父母一声，回来的时候也要第一时间让父母知道。自己的生活作息和工作稳定、有规律，不要经常地改变。

智慧快闪

用心供养：一定要用心了解，为父母提供其真正需要的东西。子女在给老人买东西的时候，通常是子女认为老人需要的，而未必是老人真需要的。有的老人比较节俭，喜欢用一些旧器物，一方面因为他们有恋旧的情结，另一方面就是这些器物用得久了，老人用习惯了，已经适应了。器物（如盘子、碗、杯子等）表面上看起来虽有点旧，但是实际老人用着很舒服。这时候有的子女就对老人说："您别舍不得花钱，我给您买。"然后就给老人买了很多新的器具。这当然是好意，但是新买的这些东西可能恰恰不是老人真正需要的。一定不要站在自己的立场，坚固地执着于"我认为你需要什么"，甚至有的时候老人不愿意换，你非得给他换，把老人用的旧器具给扔掉，最后往往是你的钱花了，老人也得到新东西了，但他心里却不痛快。要经常与父母沟通交流、报告你的情况。离开家出差也好，走之前跟老人打个招呼，到了目的地之后情况怎么样，也随时让老人知道。如果平时你在不同的城市，可以定期或不定期地打打电话，经常跟老人说一说你的情况。要根据自己个人和

家庭的具体情况，采取适宜的方法让老人安心，这才是我们要达到的目的。

自身保重：我们平时的工作生活一定要尽量健康有规律，因为子女的健康恰恰是父母最在意的。哪怕你赚的钱少一点，只要身体健康，工作生活顺遂，父母就容易安心。时令养生告诉我们，我们的行为一定要跟着大自然的规律走，要天人合一。谁能做到天人合一，谁的健康就更有保障。这是获得健康的一个秘诀。即使工作再忙，也要尽可能地学一些养生常识，这样不仅能够让我们得到健康，也能够让父母安心。无论我们做什么事或者什么工作，都尽可能地不要折腾。有些人经常跳槽，一会儿跳这个，一会儿跳那个，年纪轻轻就换了好几份工作，这种经常变化也会造成父母的担心。在现代社会背景下，与其挑剔公司，不如你在进入一个公司之后，不管那个公司有多大问题，你先把工作做好，在这个过程中提高自己，让自己成长起来。我们一定要向内求，不要经常地去换环境。人生如“围城”，你进了一个公司以后，老想着别的公司更好，这种心态本身就有问题，因为这是向外求。当你向外求的时候，你的正能量就会不断地外泄。永远向外求，你的正能量就永远是

外散的，所以要尽量让自己安定下来，从而有利于自己的长久发展。

智慧开花

内求多福：一定要稳定、安静，向内求，以提高自己的正能量，正能量大了就可以改变自己的命运。无论你走到哪里，都要先定下来，你定下来父母就定下来了，大家都定下来了，你的成绩就容易出来了。你把心定下来，你的业务水平、工作能力就容易不断地提高，你的正能量也会随之不断提高。

05

shì suī xiǎo wù shàn wéi gǒu shàn wéi zǐ dào kuī
事虽小，勿擅为。苟擅为，子道亏。

wù suī xiǎo wù sī cáng gǒu sī cáng qīn xīn shāng
物虽小，勿私藏。苟私藏，亲心伤。

智慧推送

风起萍末：要特别注意控制不好事情的发生，做到防微杜渐，让父母放心。不管事情多小，不要自己擅自做主；你自己随便想怎么做就怎么做的话，

就亏了这个“子”道了。东西即使再小，不是自己的，也不能背着父母私自藏起来；反之，如果被父母知道了，他们一定会感到伤心难过。

智慧快闪

杜绝恶源：中华传统非常重视家道家德的传承。人出生以后，因为有了身体，小我就出现了。从这个意义上讲，小孩子受到社会后天的“污染”还

比较小，对于一些自私自利的事情还不懂。但是因为已经有自我意识了，自然而然也会去争。比如，很小的孩子，你拿他的玩具他也会不高兴，也会跟你抢；对自己喜欢的东西，也不喜欢让别人拿。他就认为那东西是他的，这个小我的自私已经显现出来了。在这种时候，不管多小的东西，我们也不要让孩子私藏起来。让他私藏起来，就是助长了孩子的小我。当孩子真正把这个东西私藏起来的时候，就意味着他的小我、他的自私自利已经萌生了，父母要把这一点看得比什么都重要。这也是在警醒现在的父母，尤其是把孩子捧若掌中宝、孩子想要什么就要完全满足他、不断助长孩子自私自利的父母。有些父母甚至教育孩子“你不要吃亏，要先下手为强，抢什么东西你得先抢，别人要抢你的你得抢回来”，极力鼓励自己的孩子沾光抢先、自私自利，好像认为这是理所当然、天经地义的。有的父母甚至把孩子摆在首位，对老人反而非常冷淡。孩子一过生日，就请好多亲戚朋友来庆祝，这种做法是在严重地损耗孩子的福报，是非常没有智慧的行为，实际上是害了孩子。【在一个家庭里边，老人是树根，孩子是树上结的果实，夫妻是树干。要让孩子（树上的果实）好，肯定要给树根浇水施肥，不能总围着树上结的果实转。果实的营养来自树根，你若是绕过老人去照顾孩子，这就把方向完全搞错了。】孩子的自私自利，是他将来成长为恶人的根源。有智慧的父母，在孩子小的时候，从小事上就能教育他不能自私自利，鼓励他为别人着想。

智慧开花

崇德第一：父母教育孩子，要把德行，尤其是不自私不自利、怎么为别人着想、为大我着想放在一个非常重要的位置，把这个作为标准去要求孩子。我们越为别人考虑，我们的正能量就越多；正能量越多，生命的抵抗力和创造力就越强；生命力越强，就越能够帮助我们逐渐实现改变命运的目的。

06

qīn suǒ hào，lì wèi jù。qīn suǒ wù，jǐn wèi qù。
亲所好，力为具。亲所恶，谨为去。

shēn yǒu shāng，yí qīn yōu。dé yǒu shāng，yí qīn xiū。
身有伤，贻亲忧。德有伤，贻亲羞。

智慧推送

荣辱与共： 孩子与父母是命运共同体。我们应该竭尽所能，让父母舒心。父母所喜好的东西应该尽力去准备，父母所厌恶的事物要小心谨慎地去除。作为孩子，如果身体受到伤害了，就会让父母担心、担忧。如果德行有了问题、有了缺失，就会让父母感到羞耻。

智慧快闪

不搞对抗： 儿女要满足父母的需求，重点要在心态上端正，并不是说父母的所有观点和要求都是正确的。父母受其见识、经历、学习时的社会背景等因素的影响和局限，他们的认知也许不是正确的。父母出问题了，做错了事，如果我们一味指责的话，带来的结果往往是双方都不高兴。父母不开心，你也不开心，甚至会吵起来。父母不开心的结果，我们就损了孝道。在这种情况下，我们要尽可能地引领父母，让他们知道什么是正确的、什么是错误的，这是要去努力的方向。但是我们千万不要忘记，无论他们接受还是不接受，我们都一定要把自己作为儿女的这个孝道行好。行孝道并不等于说他们让你干什么你就干什么，但是在态度上一定要恭敬。因为当你和颜悦色、对他们很恭敬的时候，他们就对自己所提的要求未必那么执着了，也只有在这个时候，他们才可能听进去你的话，于是你可以引导他们往正确的方向走。如果父母对于合道的东西因不理解而很厌恶，而你却非常固执地要求他们从善向道，那么你就错了。一定要把大的原则弄清，我们最主要的是要行在道

上，把孝道行好，就是说不要跟父母对着干，先要维护父母的尊严，保持良好的关系，同时一点一点地引导他们走到正确的道上来。

智慧开花

不忘初心： 身体有伤，会让父母担忧，这是对于肉体而言；道德上面有伤的时候，父母会因为你的这种行为而感到羞耻，这是对于精神层面而言的。中国传统社会实行以家族为单位的管理，对家族之德非常看重。当孩子做错事、道德层面出了问题，比如说偷东西被人逮住了，不仅会让父母感到羞耻，同时也会被视为整个家族的羞耻。父母上承祖先血脉，从这个意义上，一定不要让自己的父母担忧和蒙羞，这也是对所有祖先的崇敬。当代社会，因为中华传统文化出现断层，有很多观念发生了变化，尤其是受到西方文化的影响，很多父母变得非常自私。有的甚至不光自己自私，还鼓励孩子要自私，

就怕孩子在幼儿园、在学校受到别人的欺负。在孩子小时候就教他们怎么样占便宜、占上风。如果这样教育孩子的话，等于从小就不断地给孩子灌输负能量，这样孩子长大以后对社会就不会有很大的贡献，同时也不会孝顺父母。子女要尽量地让自己保持健康，因为身体健康了父母才能够放心。另外，在道德上我们要尽可能地让自己各种行为都符合道德，大的原则就是要为别人着想而不要总想着自己，越是这样做，实际上自己的父母会越受益，整个家庭事业也会愈加兴旺。

07

qīn ài wǒ xiào hé nán qīn zēng wǒ xiào fāng xián
亲爱我，孝何难。亲憎我，孝方贤。

qīn yǒu guò jiàn shǐ gēng yí wú sè róu wú shēng
亲有过，谏使更。怡吾色，柔吾声。

jiàn bú rù yuè fù jiàn háo qì suí tà wú yuàn
谏不入，悦复谏。号泣随，挞无怨。

qīn yǒu jí yào xiān cháng zhòu yè shì bù lí chuáng
亲有疾，药先尝。昼夜侍，不离床。

sāng sān nián cháng bēi yè jū chù biàn jiǔ ròu jué
丧三年，常悲咽。居处变，酒肉绝。

sàng jìn lǐ jì jìn chéng shì sǐ zhě rú shì shēng
丧尽礼，祭尽诚。事死者，如事生。

智慧推送

牢记使命：父母生我，恩重难报。每一个子女都要牢记亲恩，用实际行动做到敬爱父母。当父母疼爱我们的时候，我们很容易做到孝顺他们。如果父母讨厌我们，我们还能够用心地去尽孝，这个才是真正的贤良，是难能可贵的孝顺。父母有了过失，我们要劝其改过，但劝的时候一定要和颜悦色、声调柔和。父母行为有错误的时候，我们要进谏、劝他，但是当父母不听你的规劝的时候，首先自己不要着急，而是要等到父母情绪比较好的时候，再慢慢地劝。如果劝说父母而不被采纳，就要等他们高兴的时候再次规劝；如果父母还是不听，甚至还要被父母打骂，这样也不要怨恨父母。当父母生病的时候，做子女的要先尝一尝煎好的汤药，看看味道是不是太苦、温度会不会太烫。照料生病的父母要日夜地服侍在床前，不离开一步。父母去世以后，子女要守丧三年，提起他们时，有孝心的人仍会经常伤心哭泣；在这三年中，常怀慈悲之心，尽量不食酒肉。办理父母的丧事要依照礼仪，祭祀时要尽到诚意，对待已经去世的父母，要像他们在世时一样恭敬。

智慧快闪

永不放弃： 孝顺，并不是说父母说什么我们都得听、父母让我们干什么我们一定得干。对于父母的错误，我们不要助长。一定要把态度摆正了，在避免父母跟我们对立的情况下，给父母劝解，告诉他什么是对的、什么是错的。对父母还要有耐心，因为有的时候父母的理解能力，包括思想的转换，需要一个过程，不能急躁。真正的孝顺是为了成就父母，是愿意花时间的。不能说我已经劝他三次，他都不改，我就不管了。因为真正地成就父母，是一方面要让父母安心、舒心、不担忧，另一方面还要不断地提高父母的认识，让他知道什么是对的、什么是错的，最好还能提高他的心性。【但是一定要注意：很多子女知道什么是对的、什么是错的，但是对待父母往往太直白或直接指责父母，这只会造成父母跟自己矛盾重重、说什么父母都不爱听。所以一定要注意：跟父母的关系一定不要搞僵了，一定要和颜悦色地去跟父母说。要想劝父母，首先要建立起一个大家能够心平气和地交流的氛围。没有这种氛围，如果你见到父母就指责他们的错误的话，先不论你说得对不对，父母心里就先生出反感来。所以，话术还是很重要的，也就是说，要想跟别人交流、真正影响别人，先要创造出良好的氛围和环境。对父母进行规劝，当他们不听的时候也要尽可能去恳求他们改过，无论如何要把父母拉到正确的道上去。但是在这个过程中，我们一定要讲求方式方法，千万不要一味地为了达到让父母走上道的目的，就完全不管他们的心情如何。要达到目的是好的，但是一定不要太急。有的时候父母因脾气不太好，也许会有一些过激的行为。在这种情况下，千万不要去怨恨父母。有很多子女确实知道什么是对的、什么是错的，却不知道怎么样去影响父母，也就是说没有影响别人的智慧。我们一定要注意一个原则：与其去说教，不如用行为来感动、改变对方。用自身行为的改变来改变一个人，效果往往会更好。同样是行孝，一定要有智慧地去做。】父母身体很不好的时候，要尽一切可能让父母能够顺利地把身体调好。要把父母摆在高的位置上，真正去亲近他们，真心去对待他们。如果我们能学习一点中医、黄帝内经等医术或养生知识，那么当父母生病的时候就知道怎么给他们调理，免去他们去医院的麻烦，那就更好了。一方面是调身体，另一方面调父母之心也很重要，你要能让父母的正气、正能量不断增加的话，也会有益于父母的身心健康。当父母去世以后，三年之内一定要注意约束自己，不要恣意去享乐。享乐会消耗自己的正气，外泄掉正能量。要言行谨慎，比如说可以去老老实实地看书，吃一些清淡的食物，别老是喝酒吃肉等等，这些对于我们保养正气、提升正能量都是很有帮助的。最后，在怀念父母的礼仪上，要尽到自己的诚意，纪念已经去世的父母，要像他们在世时一样地恭敬。一定要重视自己的每一个念头，保持善念善行。

智慧开花

新的转机：父母的观念有问题，不要跟他们较真，哪怕就像哄小孩一样地哄着父母都没关系，总之，撒娇也好、哄着也好，只要先哄得他们开心了，再一点一点地去引导，就事半功倍了。千万不要过急，因为人的认识的改变是需要一个过程的。有个大原则，就是人的思想绝不是一成不变的！哪怕老人的认识已经坚持了几十年，也还是能改的。世事无常，意思是说人、事、物都在不断变化之中，每个人的思想也一定会变的。昨天是一个样，今天就会变成另一个样；今天虽不变，明天也会变。一定要相信父母也是会变化的，再顽固的人也是会变化的。那么，我们应该怎样去影响一个人呢？首先要从自己做起，而且要有长劲儿，经常不断地影响一点儿、影响一点儿，慢慢地就能把父母改变过来。必须先确定自己的观点、认识是正确的，然后再用上面的方法去影响对方，这才是对的。

出则悌

08

兄道友，弟道恭。兄弟睦，孝在中。

财物轻，怨何生。言语忍，忿自泯。

09

或饮食，或坐走。长者先，幼者后。

长呼人，即代叫。人不在，己即到。

称尊长，勿呼名。对尊长，勿见能。

路遇长，疾趋揖。长无言，退恭立。

骑下马，乘下车。过犹待，百步余。

长者立，幼勿坐。长者坐，命乃坐。

尊长前，声要低。低不闻，却非宜。

进必趋，退必迟。问起对，视勿移。

10

事诸父，如事父。事诸兄，如事兄。

智慧启迪

谦卑打造坦途——去掉小我

★ 成为好哥们的要诀是什么？

★ 交际应酬怎样做让人高兴？

★ 对待尊长最重要的是什么？

08

xiōng dào yǒu　dì dào gōng　xiōng dì mù　xiào zài zhōng
兄道友，弟道恭。兄弟睦，孝在中。

cái wù qīng　yuàn hé shēng　yán yǔ rěn　fèn zì mǐn
财物轻，怨何生。言语忍，忿自泯。

智慧推送

义利相和： 兄长要善待弟弟，弟弟要尊敬兄长。兄弟之间和睦相处，对父母的孝心就包含其中了。彼此把财物看得很轻，兄弟之间的怨恨又从何而生？说话时做到尊重、忍让，隔阂、怨恨自然也就消失了！

智慧快闪

位当行道：中国民间有一句俗话叫“俩好噶一好”，是说要想别人对自己好，就要先对别人好。要想成为好兄弟，就要各人找好自己的位置，行好符合自己身份的道。比如你是哥哥，你要行悌道，就是要善待弟弟，要把他当成一个朋友似的去善待。那么，弟弟又该怎样对待哥哥呢？就是要尊敬兄长，哥哥毕竟是比你年长的，你要尊敬他。实际生活中，我们往往不是先去行好自己的道，而是去“要道”。所谓“要道”，就比如哥哥对弟弟，先不说自己对弟弟是不是友善，而是首先要求弟弟对自己要恭敬；同样地，弟弟也首先要求哥哥对自己要友善，却没想想自己是不是对哥哥恭敬。总之，这里面要道的成分都比较多。换句话说，“要道”就是要别人的道，老是想指责别人，想让对方走到道上去，就不想想自己应该怎么走到自己的道上。

智慧开花

花果芬芳：哪怕你对自己的兄弟姐妹有意见，觉得他们做得不对，在家庭道里也一定要以孝道为主。老人就是家庭树的树根，我们在这浇水施肥，只要树根非常好、非常壮硕，那么树上结的所有果实都会受益的。兄弟姐妹之间，哪怕对方有瑕疵，很多做法不对乃至于争抢东西、利益等等，我们也一定要先关注并找到家庭道的“西瓜”，即什么是最主要的。最主要的就是树根，就是老人！让老人能够安心、放心，让他不忧虑，只要能做到这点，就等于行孝道了。行了孝道了，就等于让我们的树根非常结实了。树根结实了，所有成员都会受益的。我们不要去纠结对方怎么样，老是找人家的毛病。兄弟姐妹之间相争，结果就是树根（老人）会担心。从这个意义上说，我们一定要放眼把握住大局，一定要找到家庭道中最主要的矛盾，找到这个“西瓜”，要在这上面下手，而其他方面都属于“芝麻”。一定要牢牢把握住孝道这个“西瓜”，让父母能够安心、放心。兄弟姐妹之间的争往往都是财物方面的，包括家庭的房产或者是金钱，往往是围绕利益之争，这非常普遍、严重。兄弟姐妹之间表面上争的虽是这些财物，但这只是表面，只是冰山一角。真正重要的，却是背后你看不见的那些部分。当然，钱是好东西，谁都知道。但是人活在世间，并非只有钱是最重要的，还包括我们的健康、寿命、亲情、情绪、性格、朋友等等。这是一个综合的系统，每个人的人生都是由这些综合而成，而不是仅仅由金钱组成的。如果只是盯着金钱的话，有可能就会失去其他更重要的东西。兄弟姐妹之间要想和睦相处，还一定要在语言上注意谦虚谨慎，要保持起码的客气，即使是亲兄弟，也不要什么都说，尤其是伤人的话不要说。往往有可能就因为一句话，兄弟姐妹之间会老死不相往来。所谓“祸从口出”，就是这个道理。为什么说“抓住西瓜”这么重要？因为很

多人只看到表面的金钱并去拼命相争，而这样就很容易丢掉那些看不见的、更重要的“西瓜”。当父母这一树根受到影响的时候，树上所有结的果实都会受到影响。就像你争了半天只争到一块小面包而已，而树根要是育好了的话，实际上你能得到一块非常大的面包！大面包大家一起分，岂不更好？

09

huò yǐn shí　huò zuò zǒu　zhǎng zhě xiān　yòu zhě hòu
或饮食，或坐走。长者先，幼者后。

zhǎng hū rén　jí dài jiào　rén bú zài　jǐ jí dào
长呼人，即代叫。人不在，己即到。

chēng zūn zhǎng　wù hū míng　duì zūn zhǎng　wù xiàn néng
称尊长，勿呼名。对尊长，勿见能。

lù yù zhǎng　jí qū yī　zhǎng wú yán　tuì gōng lì
路遇长，疾趋揖。长无言，退恭立。

jì xià mǎ　shèng xià chē　guò yóu dài　bǎi bù yú
骑下马，乘下车。过犹待，百步余。

zhǎng zhě lì　yòu wù zuò　zhǎng zhě zuò　mìng nǎi zuò
长者立，幼勿坐。长者坐，命乃坐。

zūn zhǎng qián　shēng yào dī　dī bù wén　què fēi yí
尊长前，声要低。低不闻，却非宜。

jìn bì qū　tuì bì chí　wèn qǐ duì　shì wù yí
进必趋，退必迟。问起对，视勿移。

智慧推送

位次先后：在人际交往中必须坚守各自的位置和次序，方可游刃有余。不论是吃饭时，还是坐立行走时，都要长者在先，年纪小的随后。长者叫人时要立即代为呼叫，若所叫的人不在，自己就应立即到长辈那里去看看有什么事情。称呼尊长，不可以直呼其名。在尊长面前要谦逊有礼，不可以炫耀自己。路上遇到长辈，应该快步向前问好。如果长辈没跟自己说话，要退在一旁恭恭敬敬地站立。如果骑马赶路，遇到长辈就应该下马；如果坐车或步行遇到长辈，就应该下车或停下脚步让长辈先过去。等到他们离开一段路后我们再继续赶路。长者站着的时候幼者不可以坐，长辈坐定后吩咐你坐下才可以坐。在尊长面前说话声音一定要低，但是声音太低以至让人听不清楚也是不妥当的。有事要到尊长面前，应快步向前；告退的时候，动作稍慢一些才合乎礼节。尊长问话要站起来礼貌作答，不可左顾右盼。

智慧快闪

阴阳之道：无论是吃饭还是走路，一定要让长者在前面，这是一个非常重要的礼节。中华文化对于长辈和晚辈即长幼之间的关系，分得非常清楚和细致。你自己是什么位置，就得走对自己的道。长者是年纪大的人，他走在前面，我们后辈得让长者先走，这个行为就是在道上了。这就符合阴阳之道。在公司里面，领导和员工的关系也是一样，即领导要走在前面，员工应走在

后面。现在很多人认为，人应该是平等的，所以觉得这种行为比较落后、比较封建。这种观点大错特错。我们让着长者，这实际是符合天道的。中国文化讲“长幼尊卑”，天就是尊的，地就是卑的。卑，并不是说不好。天、地、人，人是活在天地宇宙间的，必须符合大自然的法则。天地间既有尊也有卑，就是这么一个规律，不可能只有尊而没有卑。有上面的，也有下面的，这才是大自然的规律。上面就是阳，下面就是阴。阴阳要平衡，就是这个道理。如果年轻人跟老年人平起平坐，不分尊卑，就等于没有阴阳的概念了，没有阴阳，不认阴阳，就等于你在逆天而行。不按照阴阳的规律去走、不承认它，则逆天者亡，不会有好的结果。

当长辈呼叫别人的时候，自己应该去代为呼叫，如果叫的人不在，就应该自己赶紧去看看长辈需要什么样的帮助，要对长辈尊敬。这也是完全符合阴阳之道的。位置定了以后，别人没在这里，而你在这里，那么若长者有这个需求，你要去做。阴阳是其大无外、其小无内的，不是说非得是一家人才会有阴阳。你遇到了一个人，这个人一出现之后，你跟他之间就产生了一个阴阳的关系，或者说五行的关系，因为阴阳五行是万事万物都离不开的一个规律。你跟一位老人、长者在一起，那长者有可能是你的亲戚，甚或是你的爷爷奶奶，也有可能跟你不认识。虽然不认识，但你跟他在一起的时候自然就产生阴阳。谁是阳？老人就是阳，你作为年轻人就是阴。老人有什么需求，我们年轻人应该去帮助，这就符合阴阳之道了。我们不要把阴阳这个道看得太局限、太狭小。你所遇到的每一个人、每一件事、每一样东西都不是偶然出现的，否则的话你不会遇上。你遇到了某个人，马上跟他就产生关系了，而一旦产生关系，就一定要考虑自己的位置。

作为礼节礼仪，你对尊长的人不能直呼其名，比如说对方是叔叔、阿姨、爷爷，那要叫李叔叔、张阿姨、王爷爷，要称对方的姓而不能称名，直呼其名是不尊敬的。在长者面前也不要炫耀自己，长者也许没有那么多的学识，但是他的身份在那里，这是天道，跟他懂多少东西没关系。也就是说，我们见到长者了，因为他的年龄在这里，所以我们跟他自然就产生了一种阴阳的关系，我们就一定要尊敬他。如果你要炫耀自己，那就意味着自己比他高，他年龄在你上边，你还比他高的话，不就是违反阴阳之道、自然之道了吗？对方是老人、是长者，我们一定要时刻在各个方面尊敬他，哪怕他对有些事情不懂，我们也不要炫耀、显示自己，不要把他贬低、放在下面。有的人虽然只是就事论事，没事就喜欢夸夸其谈，但是无意间可能就因忽略了老人而让老人觉得你变得尊贵了，自己好像什么都不懂。这一行为本身是违背天道、违背自然之道的，而逆天者亡，这样长久下去是会出问题的。虽然这只是一个细节的问题，但告诉我们一定要注意自己平时的言行，不要想到什么就说什么，一定要考虑跟对方的关系。自己应该说什么，一定要符合自己的身份，不可脱离自己的身份。虽然你说的也许是对的、也许是好的，但是如果有炫耀的成分，那么就要谨慎了，因为你这样就违背阴阳之道了。

长辈既包括年龄比自己大的，也包括地位比自己高的，比如遇到了工作单位的上级领导，态度上应该快步向前、主动问好。但是这个领导如果没跟我们说话，就不要主动地去套话，因为领导也许在考虑问题、想一些非常重要的事情。这些都是很重要的常识和礼节。推而广之，当一个地位比较低的人碰到了一个地位比较高的人的时候，首先要注意自己的态度，态度一定要主动，要快步向前并问好，要把这个态度表现出来。说话一定要让长辈先说，不要自己没话找话。当年轻人跟老人，或者是下属跟上司在一起的时候，要让上司主动说话，这就对了。在国际礼仪上，遇到外宾的时候，如果你的身份比较高，就可以主动去探讨一些话题，如果比较低，就向其表示一下自己尊敬和欢迎的态度即可。应当记住，一定要尽可能地表现出自己好的态度，比如握手，作为晚辈或下属，你对长辈或上司表示出好的态度之后，握不握手由长辈来定。而依国际惯例，女性往往被作为优先的一方看待，有句话叫“Lady first”，遇到女性的时候，对女性应像对长辈或者对领导一样去尊敬。要让长辈、领导、女性做主动的一方，礼仪方面要格外注意。

今天的社会，没有骑马的了。以骑自行车为例吧，如果你骑自行车遇到长辈了，就应该下车并跟长辈打个招呼。再比如开车，如果不影响交通的话，遇到长辈，你也应该停下车跟长辈打个招呼。打招呼以后一定要让长辈先走，要行注目礼、看着他走，这叫礼仪，它实际上是合道的。

在地铁上大家经常看到，有时老人带着孩子出来，往往让孩子坐，而这个老人站着。这就完全倒过来了！可见传统文化的缺失非常严重。古代人非常强调长幼之分，老人和孩子在一起的时候，一定让老人来坐，让孩子站着，这个才合道。在家里吃饭，一定让长辈先吃，晚辈要等长辈坐下以后，长辈让你坐，你再坐下吃，这才合道。现代家庭教育，往往把孩子捧在手上，简直当成珍宝一样，非常溺爱，一切事都让孩子优先，这就严重地错了，就违背那个道了。老人也不懂这个道理，就溺爱孩子，宁愿自己在后边，让孩子在前面。这个一方面不合道，另一方面也助长了孩子认为别人应该为他服务的思想，这种贪心慢慢生起来，等长大以后就非常可怕了。

在尊长前面不要高谈阔论、大抒特抒自己的一些认识和观点。谈是可以，但态度要谦逊，声音一定要低。当然，声音太低以至于别人听不清也是不合适的。一定要恰到好处，既要让别人听到自己的观点，态度上又一定要谦卑。真正水平高的人，话是很少的，根本就不会跟你讲很多。

有事去找长辈或者地位比较高的人，一定要快步向前，表达恭敬的态度，退出的时候则要稍微慢一些。对家长、家人是这样，实际上在工作单位也是一样。比如一件工作做完了，要及时给领导报告，如果领导非常希望知道具体情况，他不担心你报告得多，反而非常希望知道最新情况。要及时恭敬地向领导报告。报告完毕后退出的时候，应注意不要急。报告的时候你可主动进行，但是报告完了以后，你要等着领导说结束语，比如说“可以了，先这样”，作为下属你不要说“今天我报完了，就这样了”。总之，作为礼节，你去报告的时候，要快步向前，自己要主动一些；报告结束以后，这个结束的动作一定要让领导主动，不要自己一直主动。

长辈、领导问你问题时要站起来作答，这是表达对对方的尊敬。一个人坐着，而另一个人站着的情形是常有的，但绝不能让领导站着而你坐着，这肯定是非常不礼貌的。在听对方提问的时候，一定要认真地盯着对方的眼睛，不可左顾右盼。每个人在说话、表达一个意思的时候，都希望得到别人的关注、希望别人看着自己，这样有一种被尊重感和成就感。尤其是对于领导，要尊敬他，当然眼睛要看着他了。从礼节上也是应该如此。公司在招聘人员的时候，如果这个人进来以后左顾右盼、不能够镇定下来，尤其是如果不能直视面试官的眼睛，说明他没有自信，这种人基本上都不会被录用的。人与人交往的时候，尤其是跟自己的长辈、上司相处时，一定要非常认真地去接受对方，或者去关注对方的眼睛。总之，越有自信的人，才越能敢于盯着对方的眼睛。当然这种盯着并不是那种凶相，而是一种平和的眼神。真正有自信的人，看别人的时候不会左顾右盼，不会老看这看那，他一定是能够坦然地去面对任何一个人。从眼神就能看出这个人有多自信。观察人的时候不用看那么多，也不用听对方说那么多话，你一看他的眼神，就能大概判断这个人怎么样。

智慧开花

依道而动：清朝有一位非常著名的商业奇才，叫胡雪岩。胡雪岩白手起家，为什么最后创建了自己的商业帝国，获得那么大的成功？实际上他就深谙依道而动之理。他遇到什么人说什么话，不管遇到的这个人是什么样的身份，他马上就找到与这个人相对应的道，而他找这个道恰恰就是符合了阴阳之道。他遇到每一个人，都在想对方的道是什么，不断地变换自己的角色。他不执着于自我，认为我就是怎么样的。这同时就是去掉小我的过程。最怕的是一个人有某种固化的观点，特别是自己把自己摆得非常高，到哪儿去都带着这个味道，这是最可怕也是最麻烦的，这就是在严重地执着小我。我们常常说“这个人非常固执”，到哪儿都坚持自己的观点，这种人就远离道了。胡雪岩则完全无我，他看对方是什么道，然后就考虑自己应该如何去应对他。他为什么能成功？因为他说的都是对方需要的，都是对方想听的。从胡雪岩的做法中我们看出，他大获成功是因为去掉小我了，他完全是在找每个人的道，而这个过程就是去掉小我，慢慢往大我转变。这样就能跟对方共振起来，契合了对方的道，跟所有人就都能结上善缘了。我们要按照阴阳的规律去走，这样才能够跟宇宙、天地共振。

10

shì zhū fù rú shì fù shì zhū xiōng rú shì xiōng

事诸父，如事父。事诸兄，如事兄。

智慧推送

拳拳赤子：在生命之旅中，对待尊长应如拳拳赤子。服侍跟自己父亲年龄差不多的长辈，要像对待自己的父亲一样孝顺恭敬。对待跟自己兄长年龄差不多的人，要像对待自己的亲哥哥一样友爱恭敬。

智慧快闪

大我之心：要真能做出大我的行为，才叫有了大我之心。天下的父母就是我的父母，老吾老以及人之老。推而广之，天下的儿女就是我的儿女，幼吾幼以及人之幼。如果真能这样想，有这种心量，就能站在大我的立场了。站在大我的立场去思考问题的时候，所产生的能量跟发自小我的是完全不同的。站在小我立场，一切都是希望我的父母怎么样、我的孩子怎么样，你这心量就很小。一定要扩大心量，要变成大我之心。你的心量变大了，你不执着于小我了，自然而然就产生一股正的能量和阳光信息。比如父亲生病了，非常严重，在医院里动手术……这时候我们往往习惯于从心里去祈祷，希望自己的父亲能够变好、康复。这种想法是完全可以理解的，是很正常的。但是千万不要忘记，这种想法还是执著于小我的，就是“我”的父母要怎么样怎么样。我们可不可以扩大一下心量，也就是这里讲的“事诸父，如事父”？我们要用开源节流法。怎么样开源呢？也就是说，我的父母就等于全天下的父母，全天下的父母就等于我的父母。我要想帮助我的父母，就发愿让全天下

的父母都受益，甚至我可以捐助、供养全天下的父母，这就是一种大我之心了。如果希望自己的父母好，就应该把这个力量用在全天下的父母身上。有一位著名歌手的女儿，出生的时候是兔唇（三瓣嘴），是非常痛苦的。这位歌手经济条件当然很好，在医疗方面是没问题的。但为了给孩子治病，她和先生是怎么做的呢？他们建了一个基金会，以他们孩子的名义命名，专门无偿地给全世界的兔唇的孩子治疗！这种做法是非常好的选择。也就是说，她想让自己孩子的兔唇变好，就去捐助全天下的孩子，这就是一颗大我之心了。这样做的结果就是，自己的阳光信息多了。助人就是助己，利人就是利己，此言不虚。对父母也是一样，我们都希望自己的父母健康长寿、都希望父母好，那么我们有没有扩大心量去关注全天下的父母？你一切都只为自己父母求的话就是小我，你能够为全天下父母求，就等于把全天下的父母跟自己的父母完全挂起钩来了。你的心量实际上是最能够帮助到自己的父母的。大家都希望自己的父母好，这个心是很好的，但是要考虑怎么样做、怎么样真正让自己父母好。千万不要只关注父母，而是要扩大心量。比如说可以去参加一些敬老院的活动，看望一下老人，没有时间的话则可以捐点钱、买点东西。或者哪怕对自己所住小区的老人，能不能见面的时候跟他们打个招呼，道一声“大爷您好”？你打个招呼、夸他几句，让他开心，或者他有时候在抱怨，你就做个听众，也让他排排“内毒”。这不都是尊敬别的老人吗？你尊敬别的老人，实际上就是在不断给自己的亲生父母输送正面的、好的信息和能量。要通过把自己的心量扩大，为全天下的，为自己认识的、不认识的，哪怕无缘的一些老人着想、祝福，一律视他们为父母，这就对了。因为这种心量就是大我的心量，有了大我的心量，就能够集中更多的正能量，而这种正能量对自己的父母才是真正的帮助。同样地，比我年龄大的这些人我都视他们为兄长，就像我自己的亲哥哥一样，这也是扩大了心量，而不只是执著于自己的兄长了。比如你的哥哥、姐姐出问题了，这时候怎么办？你老是心里担心、不断地去执著，这就错了。要对比你年龄大一点的、兄长这一辈的人都多多恭敬，这就能帮我们把小我之心变成大我之心，变得越来越有正能量。

智慧开花

持续发展：我们往往习惯于只相信眼睛看得见的地方，只相信马上能够给自己带来短期利益的事情。你只关注眼前的，最后往往失去的就是眼前的。很多人想发财，老想着怎么样快速发财，甚至老想着把别人的钱给骗到手，这种人即便能赚到钱也撑不了几天，一定得出事！你若从根上、心里面把你的小我变成大我，变成大我以后你做出种种努力，以大我之心去赚钱，结果会怎么样？那一定是互利共赢。你让别人赚了以后，你自己最终也一定是赚的，而且是可以持续的。现在很多人赚钱、发财都是不可持续的，往往抱着一种“赚一笔就得”的想法。这样一来，不但最终赚不到钱，而且还会遭殃的。道理很简单：你的一切做法的立足点都是自己的小我，而凡是小我就都是负能量的，在立足点是负能量的情况下所得到的果一定会出问题，因为它是不牢固的。我们的立足点一定要大、要利他，一定要为大众、为所有不认识的人，这样最后的结果你一定是最受益的，而且是可持续的受益。

谨

11

朝起早，夜眠迟。老易至，惜此时。

12

晨必盥，兼漱口。便溺回，辄净手。

冠必正，纽必结。袜与履，俱紧切。

置冠服，有定位。勿乱顿，致污秽。

13

衣贵洁，不贵华。上循分，下称家。

对饮食，勿拣择。食适可，勿过则。

年方少，勿饮酒。饮酒醉，最为丑。

14

步从容，立端正。揖深圆，拜恭敬。

勿践阈，勿跛倚。勿箕踞，勿摇髀。

缓揭帘，勿有声。宽转弯，勿触棱。

执虚器，如执盈。入虚室，如有人。

事勿忙，忙多错。勿畏难，勿轻略。

15

斗闹场，绝勿近。邪僻事，绝勿问。

16

将入门，问孰存。将上堂，声必扬。

人问谁，对以名。吾与我，不分明。

用人物，须明求。倘不问，即为偷。

借人物，及时还。后有急，借不难。

智慧启迪

律己方为上策——规矩方圆

- 一生时光应怎样度过？
- 做什么样的自己最好？
- 穿戴饮食怎样算适宜？
- 行动做事需注意什么？
- 在外面如何确保安全？
- 用什么原则与人互动？

11

zhāo qǐ zǎo, yè mián chí. lǎo yì zhì, xī cǐ shí.

朝起早，夜眠迟。老易至，惜此时。

智慧推送

珍惜人身：得生为人，应格外珍惜，将有限的时间用在有意义的事情上。要修己安人，利己利人。清晨应早起，晚上要迟睡。人的一生很短暂，转眼就到了老年，我们每个人都要珍惜眼前的宝贵时光。

智慧快闪

超越自己：一日之计在于晨，早上早起可以帮助我们生发正能量。孩子本来向上生发的力量就强，一定要让他（她）早起，让他（她）的正能量充分释放出来。你要不让他（她）释放，会出问题。“夜眠迟”，表面上意思好像晚上睡觉要迟一点。但不要理解错了。因为古人的“迟”跟我们今人的“迟”是不一样的。古代没有电灯，太阳落下去以后，天很快黑下来。黑下来，家里就要点蜡烛或者油灯，也都不是那么亮，因此古代到了晚上，会显得很黑。古人的作息顺乎自然，日出而作，日落而息，本身人们就是早睡早起的。这里说的“夜眠迟”是什么意思呢？它跟我们当今社会的晚睡不一样。我们今天的晚睡，比如说 10 点多、11 点多才睡，叫晚睡。古时候呢，8 点多、9 点多就很晚了。这里“夜眠迟”的意思是告诫我们要用功，趁小的时候要多用功，多学习，多努力。不光孩子如此，大人也应如此。我们很多人，比如上班的人，白天工作很累，回家以后往往都会去享受一下、放松一下，然后就睡觉了。其实人是需要不断提高的。有个说法是，人与人之间的差距取决于下班以后的那几个小时。也就是说，有的人下班后还继续学习，不断提高自己，不断充实自己。这种提升日积月累，就跟那些普通的人、跟同事的差距慢慢拉开了。人要不断去学习，要充分利用时间充实自己，而不要虚度年华。尤其对孩子来说，应以学业为主，不能懒惰，一定要充分利用时间学习，把学业搞好。

智慧开花

用好当下：时间确实是过得非常快的，眼前、当下的时间怎么样用好，是我们一生都应去追求的一个课题。人与人之间的差距，取决于对同样的时间怎么样去把握。过去已经过去了，不要再想它；未来怎么样，我们也不知道；关键是每一段当下的时间是不是充分利用了，是不是很有效率地应用了，这是需要去关注的点。不用去管过去怎么样，不要担心未来怎么样，你就把每一个当下用好了，终究有一天你会发现自己已经高高站在众人之上了。这说明你的水平、能力在不知不觉间大大提高了。

12

chén bì guàn　jiān shù kǒu　biàn nì huí　zhé jìng shǒu
晨必盥，兼漱口。便溺回，辄净手。

guān bì zhèng　niǔ bì jié　wà yǔ lǚ　jù jǐn qiè
冠必正，纽必结。袜与履，俱紧切。

zhì guān fú　yǒu dìng wèi　wù luàn dùn　zhì wū huì
置冠服，有定位。勿乱顿，致污秽。

智慧推送

提升颜值：每个人是社会网络上的一个节点，必须从细节做起，不断提升自己的颜值，把最好的自己展示于人。早晨起床以后一定要洗脸洗手，还要刷牙漱口。每次上完厕所都要把手洗干净。帽子要戴端正，衣服纽扣要扣好，袜子要穿平整，鞋带应该系紧。脱下来的衣帽鞋袜都要放在固定位置，不要随手乱丢乱放，以免弄皱、弄脏。

智慧快闪

身心不二：习惯的养成是非常重要的，一旦养成某种习惯，再改就难了，好习惯坏习惯都是这样。家长应该从小就让孩子养成好的习惯，而这个习惯往往是越早让他养成就越有利，而努力得越晚习惯就越不容易养成。我们千万不要总喜欢做马后炮，或者孩子已经养成坏习惯了，你才去横加指责。家长是孩子的第一任老师，当孩子教不好的时候，首先要责备的是父母。在最开始的时候，若没有给孩子养成好的习惯，等他养成坏的习惯，你再去纠正就很费事了。要尽量在孩子小的时候，尽早地去教他养成好的习惯。一定要

尽可能早地把这些该做的事情教给孩子，这样做的成本是最低的、效果是最好的。有句话叫“三岁看小，七岁看老”。孩子小的时候养成的习惯会影响其一生。

上完厕所以后要洗手，这是我们应该养成的一个好习惯。一方面，从卫生的角度来说对我们身体是好的；另一方面，上厕所代表着什么？是不是代表污秽、脏的东西的排出？那么上完厕所以后，我们要继续工作、学习，如果不洗手就直接去做事的话，秽恶不良的信息实际上还伴随着我们，无形中是会影响自己内心的，乃至影响到工作、学习。不要认为洗不洗手没有什么区别，事实上差别大了。我们工作也好，学习也好，需要的是一颗恭敬之心，需要的是洁净的心理状态。上完厕所后要赶紧洗手，就是让我们觉得手一洗就干净了，那么刚才的污秽跟我现在没关系了，我要用重新整理后的一种洁净的状态去迎接工作、学习。洗手这个动作虽然很小，但是不仅会影响我们的身体，也会影响我们的心理。它会帮助我们养成一个习惯：我要想工作、学习，一定要洁净、要有一种很干净的状态，要去洗手，把刚才那些污秽的事情通过洗手洗掉，不管了、不去想；我现在要静下来，我想的完全都是我的工作、我的学习，进入最佳状态了。一个人工作的质量好坏跟他的心一定是有关系的。当一个人的心不定、心很乱的时候，他的工作能好得了吗？一定好不了！或者丢三落四，或者马马虎虎，或者是差不多就得，这样容易造成失误。要想让工作质量提高、效果变好，首先要改善自己的心理状态。心理状态好了，自然而然会反映在各个方面。当一个人的心非常干净的时候，如果环境脏乱，他就看不下去，肯定会整理得非常干净。为什么？因为他的心就是这么干净整洁的状态。一个人的工作环境就等于他的心的状态的外延。依此而观，若一个人所在的环境“脏乱差”，就意味着他的心就是“脏乱差”的状态，因为他对于这些东西看得很顺眼。从这个意义上说，要想了解一个人的心理状态，从他周围的环境或者他的行为就能看出来。比如围绕上厕所是不是洗手，如果这个人觉得不洗手也没关系、不在乎，意味着他就跟这些污秽的东西没有什么区别了，他的内心就是一种无所谓的心态，所以对他的工作你要小心了。我们不是说鼓励洁癖，洁癖就走到另一个极端了，但是最起码上厕所要洗手，这个程序或者仪式对心理的影响是很大的。从小养成这种好的习惯，对我们一生都会有帮助。

衣着要端端正正，这是在身体层面告诉我们应该怎么做，而身体层面的行为实际上也会影响心理。身心是一元的，身体和心理互相影响。身上的穿着非常正式，心态也会发生变化，行为自然而然地会与身体着装相符合。有一个著名的世界级销售冠军，需要在深夜 11 点与客户进行电话沟通，为此他晚上 9 点钟睡觉时就定好闹钟，届时提前 15 分钟起床，把睡衣脱掉，按正装打扮，还要在镜子前收拾整齐后才给客户打电话。因为他认定一个道理：客户虽然看不见他，但他自己看得见自己；与客户电话沟通时，穿睡衣和着正装，对心态的影响是不一样的。这位销售经理对自己的要求可谓到了极致。我们对待客户也一定要非常认真，不能懈怠。战国时期思想家杨朱说过一句话：“拔一毛以利天下，吾不为也。”意思是：别人告诉你，拔你一根汗毛，就能够让天下人都受益，你干不干？他说我不干。今天你要我一根汗毛，明天就是两根，后天就是十根，再后天也许你就要我所有的汗毛，再后天你要我一张皮，再往后就要我的肉，再往后就要我的骨。一个事情一旦有了开头以后，就会一点点扩大。人的欲望也是一样，开始的时候让欲望膨胀了，想得到的东西得到了，下回的欲望就会更大，不断地扩大。为什么孩子小时候的教育不可放松？孩子小时候做错事的时候，如果父母不促其改正，一旦有个开头，后面一定是越来越大。当然，杨朱的“拔一毛以利天下，吾不为也”乃是一种小我的思想，不思利他，这是应当批判的。但是他这个思想也自有其精华，就是说，凡是坏事或者说在已知这件事不好的情况下，一定连开头都不能有；有了开头，以后就会越来越大。所以前面说的销售冠军，为什么

业绩这么好？他对任何一个细节都不马虎，都严格要求自己，所以没有懈怠的开头，这意味着他时时刻刻都是用一种恭敬的心在面对客户，所以他的业绩一定是最好的。因为一切都是量变到质变的过程，当他丝毫不让自己有懈怠的时候，当量变积累到一定程度以后，就形成一种独特的气质。这个气质，使得每位客户遇到他、见到他，一定被他“拿下”。因此，要想成就一番事业，我们在细节上都要严格要求自己。

智慧开花

常在实战：对衣着得体这一看似理所当然的事，我们平时就应在细节上注意。如果说只有在关键时候才这样做，平时不这样做，那就意味着我们大多数时间都穿得非常随便，也就意味着我们的心态也是非常随便的。这种非常随便的心态，跟这位销售冠军比起来，真是天壤之别。当然销售冠军是需要去跟客户不断地沟通、交流，他需要这种素质。我们从事不同行业的人，有的不需要跟客户去沟通，我们只是跟自己的作业、工作“沟通”，甚至有的

搞设计的人就天天坐在电脑旁边，所以稍稍不修边幅也是可以的，这和我们的工作性质有关。另一方面，我们也要知道一个道理，就是如果你的心态长期以来都是非常随便的，那么即使表面上穿得再好，别人通过细节还是能看出来的。在日本工作时，笔者曾经跟公司里的前辈到大阪那边的工厂出差，有一个细节至今难以忘怀。因为当时我们都穿了两件工作服，一件是里边的，另一件是外边的。到了对方工厂，因为现场比较热，需要把外边的工作服脱下来放到包里。我就是因为不修边幅，草草地把外边的脱了以后就塞到包里面去了。但是一看我的上司前辈，当时真是非常羞愧。为什么？两个上司，都在非常认真、一丝不苟地叠自己的外套，叠得非常整齐以后，小心翼翼地放到自己的包里。而这个时候对方工厂的负责人也在旁边看着。当时真是恭敬之心油然而生！这种细节说明人家从小就养成了好习惯。其实中华文化一贯倡导对万事万物都要怀有一颗恭敬之心。现代人每临大事，比如祭祖的时候对祖先恭敬，唱国歌时也会肃立而恭敬，但是对一般的事物往往就缺乏恭敬心。事实上，对万事万物都应该怀着一颗恭敬心去面对。

13

yī guì jié　bú guì huá　shàng xún fèn　xià chèn jiā
衣贵洁，不贵华。上循分，下称家。

duì yǐn shí　wù jiǎn zé　shí shì kě　wù guò zé
对饮食，勿拣择。食适可，勿过则。

nián fāng shào　wù yǐn jiǔ　yǐn jiǔ zuì　zuì wéi chǒu
年方少，勿饮酒。饮酒醉，最为丑。

智慧推送

宜人最美：穿戴饮食，符合身份，适宜得当，方为最美。穿衣服贵在整洁干净，不必追求衣服的昂贵华丽。穿衣饮食既应考虑自己的身份及场合，更要量入为出，使之与自己的家境相符合。对待饮食不要挑剔，不可以偏食，吃东西要适可而止，不要吃得过多。年纪还小的时候不要饮酒，成年人饮酒也不能过量，因为喝醉了酒的人会丑态百出。

智慧快闪

远离攀比：现在随着收入的提高，人们对于一些品牌货、比较贵的衣服，越来越有能力购买。但是我们一定要避免内心的攀比，不要去过分追求这些外在的东西。那么，到底什么人喜欢攀比，并且非常关注穿的衣服是不是昂贵、华丽？往往是内心比较空虚、虚荣心很强的人，他们很希望得到别人的认可。这种心态，跟我们说的道就离得比较远了，因为他不懂得向内求。当我们过分注重外表，要穿多么好的、多么华丽的衣服时，这种想法、意念必然会让我们的注意力外散，于是正能量就会外泄。长此以往，我们的能量就在不断地消耗。很多人虽然穿得非常好，但是内心却慢慢地越来越空虚。尤其是对于孩子，更不应该助长这种攀比穿好衣服的意识。如果说孩子在很小的阶段就开始跟别人攀比，非得要穿什么名牌，或向别人炫耀自己的衣服多华丽、值多少钱，就危险了。为什么？因为孩子小的时候建立的价值观会跟随他一辈子。孩子小的时候，家长如果不及时地给他指出来、帮他纠正过来，就会助长他的小我的欲望，乃至令其欲望膨胀。这样由量变到质变，当孩子大了以后，必定难以成为一个有用的人才，而更有可能成为一个自私自利、小我极其严重的人，甚至为了满足个人的虚荣，想尽一切办法搂钱而走上违法犯罪的道路。

穿什么衣服，要考虑自己的身份和场合。要量入为出，和自己的家境状况相符合。如果家庭比较困难，你非得让父母把他们一整月的工资收入拿来

给你买衣服，来满足你的虚荣心，这种做法肯定就太过了，这显然是在过分地消耗你的正能量。在孩子小的时候，父母也一定要教育孩子勤俭节约。司马光写过一篇文章，其中有一句叫“由俭入奢易，由奢入俭难”，也就是说你让孩子平时俭朴、过惯了苦日子以后，让他去享受的时候，就非常容易过渡。享受谁不会？很容易。但是“由奢入俭难”，一旦他习惯了享受以后，你再让他俭朴下来，这就很难了。现在很多家长，因为家里有钱了，就给孩子买各种各样的名牌、好看的衣服，而孩子正处在长身体的阶段，实际穿不了几天衣服就小了，就得买更大的衣服。当今服装行业非常兴旺发达，这意味着现在父母对孩子的穿着打扮这方面，还是非常舍得投入很多资金的。孩子的特点是能量很足、心火很盛，如果能够引导孩子把心火降下来，对孩子的身体各方面是非常有利的；但是如果助长了孩子的攀比心态，把他这种虚荣心慢慢激发起来，意味着孩子的心火本来就很盛了、往上升的力量本来就很强了，你还助长它往上走，这种做法就有可能让孩子的心态越来越往上走，就只知道往上走、降不下来，越降不下来，他的问题就越多。

很多孩子有挑食的毛病，家长一看孩子爱吃这个，不爱吃那个，就很容易按照孩子的口味去给他调节，你喜欢吃的我就多给你做，你不喜欢吃的我就不给你。可是，如果一个人只吃某种食物的话，这就太偏了。人体的健康状态是什么？就是金木水火土，五行要平衡，阴阳要平衡，平衡的状态是最好的、最健康的。你只吃某一种，其他的完全不吃，这一定是违背平衡法则的。如果孩子老是挑食，这时候家长要尽可能地去引导他，甚至可以考虑一下：他不喜欢吃某种菜，我是不是可以换个做法，让他能够容易接受。因为一个人不喜欢吃某个菜，往往是一种心理作用，其实他若在不知道的情况下吃了，也许会觉得好吃，慢慢就接受了。要尽可能地引导孩子不要挑食，不要孩子一不愿意吃从此就完全不给他吃，而只给他愿意吃的那些东西。如此随着孩子的任性走下去，未必就是一件好事！孩子毕竟需要教育，需要人去引导。作为家长或者老师，得有一个正确的观念，也就是说凡事都要找到平衡，不能什么都按孩子的想法走，而是要引导孩子走向平衡。

吃东西要适可而止，不可吃得过多。这个确实很重要，不光是孩子，大人也一样，最好吃八分饱。吃饭的时候，大家习惯于关注饭本身，比如它的营养有多少，而这个关注点是有问题的。为什么呢？营养再多，如果你吸收不了，那么它就成了体内垃圾。吃得量太多，你的身体没有那么多的能量去消化，这时不管食物营养如何，因为没办法去完全消化它，吃进去的东西就会变成体内垃圾，乃至于诱发严重的疾病。少吃饭，就意味着减少我们消耗的能量。当体内的能量足以把我们吃进去的东西消化的时候，就能把吃进的食物完全变成我们能吸收的营养，就可以不断地补充身体的能量，就能够源源不断地来支撑我们的各种行为。有一个现象可能是比较普遍的，就是某一顿饭我们吃得过多了，肚子就会很不舒服，但是到了下一顿的饭点，还得吃点儿。这个时候我们就要记住，不要吃了。因为你肚子里边那些东西没有充分消化完，你再去吃新的东西，会更增加脾胃的负担。

按国家规定，孩子（未成年人）是不许饮酒的，在西方国家也有同样的规定。酒精的刺激对孩子的身体发育有不好的影响。不应让孩子去饮酒，这是一个常识。酒精对人是有刺激作用的，孩子身体的发育还没有完成，就更容易受到影响。大人已经成熟了，不再发育了，在不再发育的情况下，相对来讲酒精对大人的刺激就不会产生那么大的效果，或者说不那么容易致醉。孩子本来就容易醉，而酒精的刺激更会影响发育，所以，一定不要给孩子喝酒。

智慧开花

无二无别：挑剔的心态，对身体一定是不好的。从中医上讲，太挑剔了，就损害人的肾气。要无分别心，这个很重要。你讨厌哪样，就是有分别心了。有了分别心，对你的肾就不好了。无分别心的意思是，你越是讨厌哪样，就越不能躲避，而是要迎难而上。你迎过去了，也就突破了自己，而你突破了自己，抵抗力就提高了。当你真正没有分别心的时候，肾的阳气就会源源不断地补充进来。怎么样去掉分别心？比如有的人是洁癖，而洁癖的人分别心很严重，有一点脏的都受不了。这种分别心很重的心态，实际上就会损害肾。随着年龄的增长，有洁癖的人一般会得肾病、泌尿系统的病，也有不易怀孕的。而肾系统有问题的人，所表现出来的往往就是分别心很重，喜欢什么、不喜欢什么，这个干净、那个脏，非常地执着。这种心态怎么扭转呢？就用无分别心进行扭转。无分别心在运用的时候有什么样的原则呢？就是你原来讨厌什么，就要强迫自己接受它，而不要去躲避它。你原来是经常躲避，这就意味着你心里是在不断地分别，现在你要把这个分别心去掉。怎么去掉？当你要分别的时候，就故意让自己不去分别；你讨厌什么，就亲近什么；你喜欢哪个，就远离它。时间长了以后，慢慢地就没有好的、坏的之分别，没有喜欢、不喜欢之分别了。久而久之，你的阳气就源源不断地生起来。肾是先天之本，肾的阳气一旦足了，身体能差得了吗？

家长在对待孩子的教育问题上应该掌握一个大原则：要注重让孩子去吃点苦。另一方面，也要考虑客观条件，比如说家庭的经济状况，看看你家庭到底能负担多少。如果家里非常有钱，让孩子穿点好衣服也无可厚非，只要注意教育孩子从心态上不去追求这方面就行了。不是说所有的孩子都要穿很差的衣服，因为每个家庭都不一样，一定要圆融，要根据我们自己的情况，看有没有这个条件。总之，不变的原则是：要以正确引导孩子的心态为主。

14

bù cóng róng　lì duān zhèng　yī shēn yuán　bài gōng jìng
步从容，立端正。揖深圆，拜恭敬。

wù jiàn yù　wù bǒ yǐ　wù jī jù　wù yáo bì
勿践阈，勿跛倚。勿箕踞，勿摇髀。

huǎn jiē lián　wù yǒu shēng　kuān zhuǎn wān　wù chù léng
缓揭帘，勿有声。宽转弯，勿触棱。

zhí xū qì　rú zhí yíng　rù xū shì　rú yǒu rén
执虚器，如执盈。入虚室，如有人。

shì wù máng　máng duō cuò　wù wèi nàn　wù qīng lüè
事勿忙，忙多错。勿畏难，勿轻略。

智慧推送

立身行道：人在社会上做事，必须严守规矩，才能真正立身行道。走路的时候步态要从容，站立的姿势要端正。给别人鞠躬时，要让身子深深地躬下去，拜谢的时候要表现得恭敬。在门口站立时，不要把脚踩在门槛上。不要用一条腿支撑着身体斜靠着，不要叉开两条腿坐着，也不要摇晃大腿。进门掀门帘的时候要轻，不要弄出声响来。走路转弯的时候要离有棱角的地方远一点。拿着空的器具要像拿着盛满东西的器具一样，要小心。进到没有人的屋子，要像进到有人的屋子里一样，要谨慎。做事情不可太匆忙，太匆忙则容易出错。做事不要怕困难，所做的即使是小事，也不能轻率随便、敷衍了事。

智慧快闪

信息传递：对人表示尊重的时候一定不要做表面文章，要真正怀着恭敬之心。因为我们要尊重的人，身份、位置一般都比我们高，我们在身体低下的同时要让我们的心也一起低下来。我们的心到了，对方才能接收到我们的信息。

古代的房都是平房，进门的时候有一个门槛，这个门槛一般要迈过去。有的门槛比较厚，人很容易踩上去。但是《弟子规》告诉我们这是有规矩的，你不要踩在门槛上，一定要迈过去。门槛是干什么用的？比如外面下雨就会有积水，而有了门槛水就进不来了。门槛是保护我们屋子的，是帮助我们的。既然是帮助我们的，你用脚踩在这上面对它就不恭敬了，而不恭敬的话肯定就等于犯错了，所以我们一定要迈过去。对于帮助我们的，我们要怀着一颗恭敬之心，哪怕是在最底下的门槛，我们也要恭敬它。为什么？因为它在保护我们。就是这么简单的一个心态，也在影响着我们。

不要用一条腿支撑着身体斜靠着门或墙。因为这种动作显得非常懒散、非常懈怠。而你一懒散、懈怠，负面信息和能量就开始产生和蔓延。要知道，我们的一举一动都在影响着整个环境、整个空间的相应的信息。要想让自己真正得到健康、成功，我们的每一个动作实际上都很重要。

不要叉开两条腿坐着。女生在坐的时候，一定要把双腿并起来，这是一个基本常识；男生也要注意，不要叉开两条腿坐。因为无论男女，这都是不恭敬的一个表现。当然，男生在坐的时候，并不是说非得像女生一样，但也一定要自然并拢，不可明显叉开，这个度要掌握好。

不要摇晃大腿。有时我们看到有的人一坐到那儿，两条腿就会不停地哆嗦。为什么这个人总喜欢抖腿？实际上这跟肝是有关系的。一个人经常抖腿，我们就知道他一定是睡觉晚，把肝伤了，肝气不足了，就容易动。为什么？按《周易》之理，肝对应的是震卦，震卦就是动的信息。肝受伤以后，这人就老容易动，老定不住。你看一个人的时候，包括他的动作、眼神等等，他的身体状况

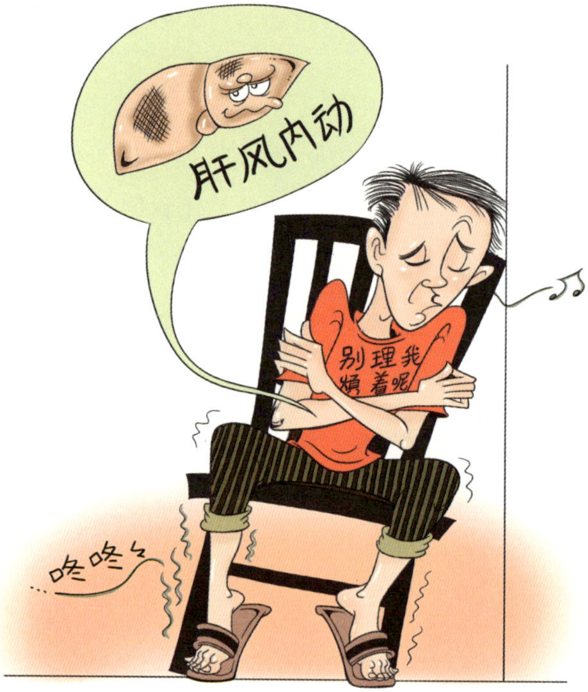

跟心理的情况是息息相关的，是骗不了人的。当一个人经常熬夜、肝受伤了以后，就待不住、定不住，就必须得动。你看一个人腿老动，好像有多动症似的，那一定是没睡好觉。睡眠好的人，肝气、肾气都补足了的人，他就能定下来乃至一动不动，就能定得时间长。人的身体跟他的表现是一一相关的。有摇腿毛病的人，首先要尽可能地抑制自己，不要摇腿。因为摇腿既是肝虚的一个反映，同时反过来也在影响你的肝，这就是一个恶性循环。即便非常想摇晃，也要控制自己不要摇，这样就避免了对肝的伤害。另外，要尽量早睡觉，不要熬夜，不要再伤肝了。

我们揭帘要轻声、轻轻地做；走路的时候、转弯的时候，一定要离有棱角的地方远一点，保持一定的距离；拿了一个空的东西，锅也好，碗也好，一定要跟里边盛满东西一样，一心一意地、认认真真地拿着它；到了一个空屋子的时候，也要问一下，或者可以轻轻地敲几下门。这些也是在告诉我们，要时时怀有恭敬之心，心态不可懈怠下来，因为恭敬就是正能量，能够提升我们做事情的质量和效率。

慢实是飞：欲速则不达。无论做什么，若以急躁的心态做事，则越想快却偏偏会越慢。无论养生，还是做事业，都是一样的道理。比如说工厂里面生产产品，你要想把这个活儿干好，取决于什么？取决于你有没有一个能够静下来的心态。一个人心很静的时候，其思维是比较理智的。静能生慧，在心很静的状态下，智慧才能升起。无论做什么事，你若能够静下来，你的思维就变得非常敏捷、准确、正确，这样生产出来的产品质量是最好的。企业里生产产品，它要求员工要认真、要把质量管控好，这种要求对不对？肯定对。如果员工性子非常急躁，那么他就是再努力，也做不好那个产品，质量还是会出问题。你要想让他把这个工作做好，就一定不能让他太忙、太急。一个人如果容易急的话，你就不要让他做那种细致的工作和关系到质量的工作。你交给一个人做什么事的时候，这个人若是非常积极，这固然很好，但是他的性子若是太急的话，你就要做好思想准备，你交给他做什么他都容易

出错！每个人都有适合自己的那个岗位，我们不妨找到适合他的岗位，把他的能力发挥到最大。可是，如果只能让这个人来负责质量，该怎么办？你就要想办法让这个人急躁的脾气缓下来，不要让他急，因为一急，他就容易出错。怎么能让他不急？或者让他去静坐，或者你帮他解决掉他的心事、让他没有后顾之忧等等，要通过这些做法，让他不再急，这样才能把事情做对、做好。社会上很多人都是脾气很急的，但是你越急就越容易出错。你越着急就越慢，这叫“欲速则不达”。为人处世，谁都会遇到很多困难。这时候怎么办？你就要坦然地接受它。然后迎难而上，积极应对，必然就减少了坏的影响，促进结果向好的方向转化。

微尘大千：不能轻率地面对小事，因为小事里边也蕴含着大道理。一个人，这辈子办的不可能永远都是大事。大事与小事表面上看是不一样的，但是哪怕你做的生意是几十亿、上百亿，你做判断时的思维方式，与你在一些具体的、日常的、鸡毛蒜皮的小事上做判断时的思维方式是有联系的。大家想过没有？事有大小，但是我们的思维方式是一脉相承的。跟对方做生意也好，或者与对方打仗也罢，都要了解对方的思维方式，要知道对方的主帅是谁，对方主帅的思维方式是什么。我们就是根据对方的心理状态、思维方式，去思考怎么样面对它、对付它。比如三国时的诸葛亮率军跟曹操大军对峙时，就很重视对曹操思维方式的分析，会研究对方的很多细节。我们也应学习诸葛亮。实际上，通过一些小事我们就可以知道一个人的思维方式：如果一个人具有多疑的性格，那么他在小事上也是多疑的。通过一些小事，就可大致判断一个人是不是多疑。同理，当一个人非常相信别人、毫不怀疑的时候，我们也可以通过小事观察出来。通过若干小事知道了一个人的思维方式以后，在大事上面，我们就不妨按照他的思维方式去处理，就会非常主动。

智慧开花

低调处事：中国《易经》的六十四卦里有个“谦”卦，这是唯一的六爻皆吉的卦。古人一直强调我们要谦虚谨慎，因为这个谦虚实在有太大的好处，它能把仇人变成恩人。这讲起来就太深了。反过来讲，现在确实有很多人觉得自己很了不起，把自己摆得很高、高高在上，这叫狂妄之徒。古人云：“老天要想让你灭亡，必先让你猖狂。”古人告诉我们要谦虚谨慎，要低下来。有的人偏偏不相信古人的良言，总觉得“老子天下第一，谁敢惹我”，如果抱有这种心态的话，那就处处都是负能量，周围就会形成一大堆负面信息，久而久之，这个人的事业、生活都会发生负面的变化。

15

dǒu nào chǎng jué wù jìn xié pì shì jué wù wèn

斗闹场，绝勿近。邪僻事，绝勿问。

智慧推送

拒绝好奇： 出门在外，要确保安全，必须摈弃过分的好奇心，才不会惹是生非。凡是打架闹事的场所，绝对不能靠近；凡是不正经的事情，也不要好奇地去追问。

智慧快闪

避免恶缘： 我们若看到打架的或者接近一些不太正常的地方时，一定要尽快躲开。现在网络上经常有些报道，就是吃完饭出来的时候，一错肩、稍微地相互碰了一下，对方就破口大骂，这边就跟他理论……确实是对方不占理、对方还骂你，但你看到以后要马上意识到：这是一个垃圾人，然后低头走了就行了。一定要远离这种是非。有人非得要跟他争：“你为什么骂我？”这么一争不要紧，对方立马拿出刀子来给你几刀。有不少这种现象。本来他说一句，你甭理他，走了就行了，你就自己低个头，就没事了，而一旦跟对方吵架，甚至可能丢命！这种斗闹场、是非之地，一定要远离、不要接近它。

现在去一些景点我们经常会看到，有一群人聚在那里变魔术，旁边围着一大群人看热闹，都貌似感到非常新奇、稀奇。这时往往有人就会觉得很有趣，然后走近看一看：这个容易啊，我也来试试！殊不知你这一试，基本上就被人家设计了，你不撂点钱那是走不了啦！现在社会上的骗子太多了，有的是通过电话行骗，有的是现场推销言过其实的产品，比如高价兜售老人用的所谓“营养品”。骗子往往深谙大多数人的心态：猎奇！也就是说，稀奇古怪的地方发生些稀奇古怪的事情，一般人就容易去看热闹。很多骗子利用这种心态，就是让你来看热闹！人都是有贪欲的，你又猎奇又有贪欲，所以他就能一步一步地利用你的弱点，不把你引入圈套绝不罢休。骗子表面上让你能很容易地占便宜，但是只要你一进去，再想出来就难了。这就是“可怜之人必有可恨之处”，人，往往正是因为有这种贪欲才被人欺骗的。

智慧开花

有种有收：我们一定要知道怎样保护好自己，要相信因果，世界上没有无缘无故的爱，也没有无缘无故的恨。当别人告诉你有又轻松又容易的赚钱机会时，奉劝你还是躲远点儿比较好。为什么呢？因为谁都想赚钱，但也正因如此，赚钱才不会是件容易的事。真有那么轻松赚钱的机会，谁也不会让给你！近年来出现了很多不规范的融资或集资，最终不是被取缔，便是自倒闭，很多人就因一念之差把钱投进去而损失了几十万乃至上百万元，这个时候你后悔已经来不及了。为什么当初你会上当？还不是因为看到了那些虚假宣传，所谓“赚钱很容易，没什么风险”之类的。你不妨静下心来想一想，这么容易的赚钱方法，怎么能没一点风险？我们说“高风险，高回报”，这是基本的常识。真正能做事的人，首先心态要能放平和。如果总想着不劳而获，总想着占便宜的时候，就很容易上当受骗。骗子就是利用人的这种贪欲、占便宜的心理，才屡屡得手。人最大的弱点就是有贪欲。如果有人告诉你某件事没有风险、赚钱很容易时，你最好赶紧远离他，因为一旦踏进去，就很难脱身了。

16

jiāng rù mén　wèn shú cún　jiāng shàng táng　shēng bì yáng
将入门，问孰存。将上堂，声必扬。

rén wèn shuí　duì yǐ míng　wú yǔ wǒ　bù fēn míng
人问谁，对以名。吾与我，不分明。

yòng rén wù　xū míng qiú　tǎng bù wèn　jí wéi tōu
用人物，须明求。倘不问，即为偷。

jiè rén wù　jí shí huán　hòu yǒu jí　jiè bù nán
借人物，及时还。后有急，借不难。

智慧推送

呼应有方：与人应对，必须有所呼应，不能一厢情愿、只顾自己。要准备进入别人家的时候，一定要问一声“有人在家吗”。将要走到厅堂的时候，先要提高音量，让厅堂里边的人知道。当别人问“是谁”时，就要将自己的姓名告诉对方，而不能只是回答说“我”，因为你这样说对方还是不知道你是谁。在要用别人的东西时，必须明确地向物主提出请求；如果不经过别人的允许就拿，那就是偷窃。借了别人的东西要在约定的时间内归还，这样就让人觉得你很有信用，以后你再借也不会有任何障碍。

智慧快闪

有问有答：进别人家的时候，你得先敲门问一下“有人在家吗”，因为里边可能有人，你问一下就等于让他做好准备，避免受到惊吓。很多人都体验过被人惊吓的感受，一扭头突然发现一个人，这一惊非同小可，有可能打一个激灵或全身一哆嗦，这就是受到惊吓了。受到惊吓的人要是正气足，还好一些，正气不足的人，就有可能出大问题，就像成语所讲的，简直要“魂飞魄散”。我们知道这一点以后，就一定要记住，首先，自己要远离那种有可能让你吃惊的、受到大惊吓的地方。其次，也不要去吓唬别人，以免令别人受到惊吓而产生不良后果，不注意的话甚至可能导致很大的问题。比如，当某人背对着你而你要从其身边路过，为了不惊吓到他，你就应该故意重重地走几步，让他知道有人来了，以提前做好心理准备。一定要养成这种习惯，无论你走到哪里，只要有可能吓到别人，甚至不确定有没有人、哪怕是面对一间空屋子，都不妨先弄出点声响来，以宣告自己的到来。无论是有人还是没人的地方，我们都要有恭敬心。力的作用是相互的。你恭敬、礼貌地对待别人，别人也会这样对待你。有的人胆小怕事，那更要从改变自己的心态开始，以一种敬畏的心态敬畏一切。当你敲门时，主人会问“谁啊”，这时你要把自己的姓名告诉人家，而不要只说一个“我”字。当然，如果是很熟的人，一听你的声音就知道是谁，那就另当别论了。从礼节上来讲，尽可能不要让对方产生歧义，这本身就是一种礼貌的态度。

“请”字当先：要使用别人的东西一定要提出请求，如果不问就拿的话，那就是偷窃。“偷窃”在这里用得非常恰当。也就是说，不管你用的东西大还是小、值钱或不值钱，只要是不问而取就是偷。对于家里有孩子的父母来讲，这时该怎样教育孩子，更显得很重要了。当孩子尚没有正确观念而不经允许就去拿别人的东西时，家长该如何做？如果最初就能做到大张旗鼓地、严厉地批评孩子，教育成本最低，而效果却很好。孩子越小，这种教育方法的效果越好，对孩子未来的成长越有利。有的孩子为什么长大后走上了犯罪的道路？往往就是因为孩子小时候做错事了，而家长却没有及时给他指出来哪里错了，于是孩子认为自己那样做也是对的。甚至有的家长看到孩子占别人便宜了、偷别人东西了，还会给予表扬：“我儿子真好，我儿子真棒，你这样做将来就不会吃亏的。”在这种家庭里长大的孩子，将来一定会迎来悲剧式的人生。

有借有还：我们跟朋友借东西，当然要还，要得到事主的同意。但是，在公司里需要使用某个东西时，需不需要去申请？答案是肯定的。孩子往往很单纯，以为需要什么就拿什么是很正常的，但是，一旦开了这个头，后面就会源源不断地发生，直至形成某种习惯。比如，一个孩子去父母办公室时顺手拿了公司的纸，这件事是很小，东西也不值几个钱，但是一旦开了这个头，孩子今天敢拿你的纸，明天就敢拿你的本子，拿你的书，拿你的一些资料。因为人的贪欲，就是这样一点一点被养大的。父母或领导一定要在不好的苗头刚开始露头的时候，就要制止住，不要让它再继续。越是能在开始的时候大张旗鼓地批评并让孩子知道这个问题的严重性，到后面他就越不敢胡

作非为。反之，如果从小到大一点点地经常做一些错事，以至于形成习惯，到后面再去管他，就已经来不及了。

无私大我： 别人向自己借东西，说明别人需要自己的帮助，于是我们应该去帮一把，这就是“大我”的发心。一个人若自私，就是在不断地给自己灌注负能量；反之，若处处为别人着想，就是在不断地增加正能量。正能量，当然是越多越好了。不过，在借钱与人的时候，一定要注意把握“救急不救穷”的原则。当对方真正是非常急需、非常困难的时候，我们就可以借给他。当然，不救穷也不是绝对的，如果你看到有人实在是很穷，但是很努力，就可另当别论。比如有的农村里的孩子，很努力，学习成绩也很好，但是因为家里很穷，上不起学。这些孩子就值得我们去救济，可以借钱给他们。但是也有的穷人自己不争气、不努力，这时如果借钱给他，便可能助长其不劳而获的想法。这样，不但不是帮他，反而是害了他。所以，不要只是因为一个人穷而去救他，关键要看这个人是不是在努力奋斗。【别人来向我们借钱的时候，要有思想准备，那就是：借出去的钱就不要指望再回来。凡事没有绝对的，不是说我绝对不能借别人钱，而是说一定要看这个人值不值得借。比如此人当时很困难了，他也确实很努力，那就可以借钱给他，至于后来此人如何变化，就不要纠结了。我们的每一个判断，只关注当下就好，至于过去如何、将来会怎样，那些都不用管。有些人在发现对方迟迟不还钱时，就会发脾气或生闷气，这就错了。本来帮助别人是好事，但若因此而搞出一身病来，就得不偿失了，所以，一定要学得潇洒一些，借出去的钱，就不要盼着再要回来了。当时对方的状态，是你应该借给他的，你做了自己该做的事就可以了。】

智慧开花

静水流深： 中华传统文化不主张狂躁、发泄，我们要学会让自己的心静下来，静能生定，定能生慧。而在帮助别人的时候，一定要注重自己的发心。

我们把自己该做的做到就行了，不要要求对方如何如何。对于已发生的事情，我们就要放下，不再想它。这样我们不但能把自己的正能量守住，而且奉献和付出既已成为事实，自然有其正能量的存在，因此更加不必为此纠结。如果做了好事，却又抱怨对方做得不对，做了自己该做的事就可以了。就会使我们的付出大打折扣，甚至还可能带来灾祸。

信

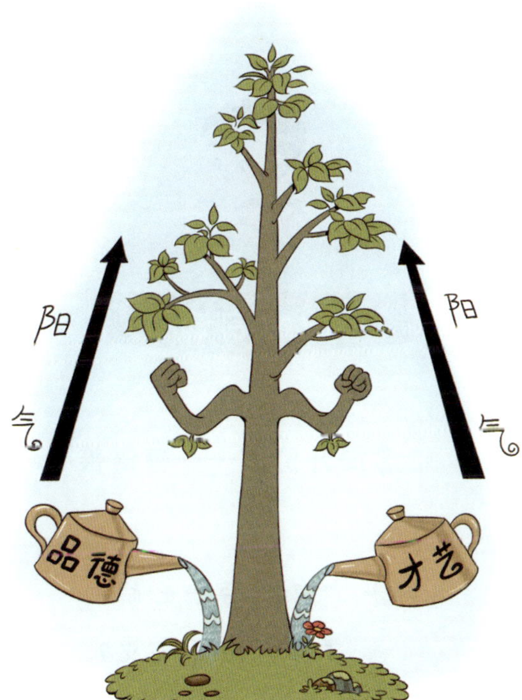

⑰

凡出言，信为先。诈与妄，奚可焉。

话说多，不如少。惟其是，勿佞巧。

奸巧语，秽污词。市井气，切戒之。

见未真，勿轻言。知未的，勿轻传。

事非宜，勿轻诺。苟轻诺，进退错。

凡道字，重且舒。勿急疾。勿模糊。

彼说长，此说短。不关己，莫闲管。

⑱

见人善，即思齐。纵去远，以渐跻。

见人恶，即内省。有则改，无加警。

唯德学，唯才艺。不如人，当自砺。

若衣服，若饮食。不如人，勿生戚。

⑲

闻过怒，闻誉乐。损友来，益友却。

闻誉恐，闻过欣。直谅士，渐相亲。

无心非，名为错。有心非，名为恶。

过能改，归于无。倘掩饰，增一辜。

智慧启迪

信念提升价值——善语善心

☆“信” 字怎么解？

☆“念” 字是何义？

☆“错” 了怎么办？

17

fán chū yán　xìn wéi xiān　zhà yǔ wàng　xī kě yān
凡出言，信为先。诈与妄，奚可焉。

huà shuō duō　bú rú shǎo　wéi qí shì　wù nìng qiǎo
话说多，不如少。惟其是，勿佞巧。

jiān qiǎo yǔ　huì wū cí　shì jǐng qì　qiē jiè zhī
奸巧语，秽污词。市井气，切戒之。

jiàn wèi zhēn　wù qīng yán　zhī wèi dì　wù qīng chuán
见未真，勿轻言。知未的，勿轻传。

shì fēi yí　wù qīng nuò　gǒu qīng nuò　jìn tuì cuò
事非宜，勿轻诺。苟轻诺，进退错。

fán dào zì　zhòng qiě shū　wù jí jí　wù mó hú
凡道字，重且舒。勿急疾。勿模糊。

bǐ shuō cháng　cǐ shuō duǎn　bù guān jǐ　mò xián guǎn
彼说长，此说短。不关己，莫闲管。

智慧推送

人言为信：中华文化教育我们，生而为人，说话便要有诚信，这是言说的标准。开口说话的时候一定要以诚信为先，你答应别人的一定要守住承诺，更不能口出欺诈之语。话多不如话少好，说话一定要恰到好处，该说的说，不该说的绝不能说，千万不要花言巧语。尖酸刻薄的语言，下流粗俗的话，以及街头无赖粗俗的习气都要彻底戒除掉。没有看清楚的事情，不能轻易发表意见。对于自己没有明确了解的事，不要轻易地传播散布。不妥当的事，不可以轻易允诺别人；假如你不经考虑，便允诺别人的话，那就会使你进退两难。说话的时候吐字要清晰而且流畅。说话时不要说得太快，更不要含糊不清。遇到有人谈论别人的是非好坏，如果与自己无关，就不要多管闲事。

智慧快闪

话语能量：平时大家在待人接物的时候一定要守住诚信，不要欺骗别人，也不要花言巧语，因为这些做法都会产生负能量，而这些负能量慢慢聚集到你身边，就会带来各种不好的信息。与此同时，须知话多伤气，所以应尽量惜言，言必有中。凡是天天喋喋不休的人，其能量都是很低的，而成功人士一般说话很少。人的能量就那么多，你说得多，能量就泄得多，少说话，能

量才能聚起来。除了说话，还要注意微信朋友圈等，有些人总喜欢炫耀，总想公开自己的幸福生活，并热切盼望得到别人的点赞，殊不知这也会泄掉自己的能量。总之，任何张扬的行为都会导致我们的能量外泄，低调才能保住宝贵的能量。还有些人总喜欢表现自己，而且所说的又往往言过其实，正所谓“祸从口出”，所以还是要尽量少说话，即便说也要掌握“恰到好处”的原则，这样才能把能量留住。凡是张狂之人，其能量都在外泄，是不可持续的，因为这违背了自然规律，只要假以时日，一定会出问题。所以，为人处世要保持低调，以使能量内敛，自己的好事尽量不让别人知道，因为人都有嫉妒心，我们尽量少说话，就可少惹是非，这样才能积累能量。

有人爱说尖酸刻薄的语言，有的人甚至一张嘴就是满口的脏话。作为一个旁观者，大家可以回想一下，当我们遇到这种人、听到满嘴脏话的时候，会有什么样的感受？我们会觉得这个人太没素质了，甚至不屑于与这种人为伍，因为这个人似乎被一层负能量所包裹着。

有的人站无站相坐无坐相，站的时候爱倚靠着东西，坐下的时候又表现出特别懒散的样子。我们应该引以为戒。哪怕你周围没有人，也要注意。因为无论是否有人，只要一摆上这种动作，就会带出市井气、无赖气，就会产生负面的信息和能量，而这种能量也会从量变到质变。久而久之，这种负能量就会在你周围形成。一旦与人交往，这种负能量马上就能传递过去，对方就会看不起你。

对于不妥当的事、不确定、不合规矩乃至于不合道的事，一定不要轻易允诺别人，哪怕对方是与你很亲的人，否则，将来就会遇到进退两难的情况。毕竟，这件事本身就不靠谱，一旦答应下来，将来发生什么事，你也逃脱不了干系。所以，遇到这种事，宁可开始时得罪人，也要当机立断，要防患于未然。正所谓“小不忍则乱大谋”，如果抹不开面子、怕这怕那，就给自己种下祸根。所以，一定要学会拒绝别人，当然态度上要保持客气，但在事情上必须要坚决。实际上，恰当地拒绝别人，实际上对对方也是一种保护。

说话的语速、语调如何，说得清不清晰，这个跟人的身体是有关系的。

说话快的人，说明他的心火很旺，降得不好，应有意识地让自己的语速慢下来，而语速只要慢下来，就能帮助自己调理身体。其实，我们的每个动作、行为都跟我们的身体状况相关。身体是病态还是健康，都是多年积累的结果，都是一点点小事、一个个动作、一句句言语积累的，最后量变到质变，形成了我们当下的身体状况。要从细节上入手，改善我们的言行。比如，吐字清晰流畅，表明肺很健康。如果说话很模糊，就要注意肺乃至整个呼吸系统，要尽量做到吐字清晰。最关键的是，我们说话说到最后的时候，发好那个尾音是很重要的，一定要吐字清晰、流畅。说话时不要太急、太快，更不要含混不清。说话的时候吐字是不是清晰、是不是不紧不慢，反映着我们的格调和素养。无论从事什么样的工作，要先从说话的语速是否合宜、吐字是否清晰入手，通过言谈来让我们的品格、心性、素养得到提高。

我们经常能听到身边的人在议论别人的是非。关于这一点，我们要特别注意，在人的背后只能说那个人的好话，如果要说他的坏话，一定要当面说。

为什么？有句话叫“隔墙有耳”。你背后说了谁，那个人早晚会知道的。所以，不在背后说人长短，就能少一个敌人。当别人背后说人坏话时，要尽量回避，即便是与你有关的事，也不要参与。这就是“非礼勿听”。

智慧开花

芬芳蝴蝶：我们平时说什么话，摆什么姿势，用什么神态，都与能量有关。一定要处处保持正能量。为什么要读经典？因为经典所承载的都是正能量，读经的过程，就是在与这些正能量沟通。读得多了，你身上的正能量也就越来越多。相反，你若总说一些尖酸刻薄、低级下流的语言，就会不断增加负能量。正所谓“你若芬芳，蝴蝶自来”，当你的正能量多了，就会吸引各种美好的事物。如果一个女生长得很漂亮，但满嘴的脏话，她的负能量就会被人感知到，令人感到大煞风景。要知道，我们的语言、穿着、表情、动作都是有能量的。正所谓“站有站相，坐有坐相”，一定要依道而行，这就是正能量。正能量多的人，就能成为君子。每个人都应努力成为君子，男女皆然。

18

jiàn rén shàn jí sī qí zòng qù yuǎn yǐ jiàn jī
见人善，即思齐。纵去远，以渐跻。

jiàn rén è jí nèi xǐng yǒu zé gǎi wú jiā jǐng
见人恶，即内省。有则改，无加警。

wéi dé xué wéi cái yì bù rú rén dāng zì lì
唯德学，唯才艺。不如人，当自砺。

ruò yī fú ruò yǐn shí bù rú rén wù shēng qī
若衣服，若饮食。不如人，勿生戚。

智慧推送

心念力量：“念”字为“今”和“心”组合而成，我们要看好、管好、用好自己现在的这颗心，方能成就自我。看见他人的优点或善行，要立刻想到向其学习。即使目前水平相差很多，只要努力去做就会逐渐赶上。看见别人的缺点或不良的行为要反躬自省，看看自己有没有。如果自己也有，就要改正；即使自己没有这个错，也要提高警惕，避免犯同样的错误。要重视自己的品德学问和才能技艺的培养，如果感觉到自己的品德、学问、才艺有不如人的地方，应当自我激励，奋发图强。至于自己的衣服不如别人的漂亮，自己的饭菜不如别人的美味可口，则用不着难过悲伤。

智慧快闪

免费资源：看到别人优点的时候，有可能心生羡慕，也有可能产生嫉妒的心理。人性有一个共同的特点，就是嫉妒，尤其是看到别人好的地方、比自己强的地方，自然而然就生起一种嫉妒之心，这是人的本性。嫉妒显然也是一种负面的思维方式，这种思维方式会增加我们的负能量，所以是不好的。向别人学习就是一种正面的思维方式，可帮助我们生起正能量。这实际上就是一个导向问题，见到别人好的，一定要想怎么样去学习，要用这种善的思想来代替不好的想法。人的脑子里面一定得装点儿东西，不装好的就装坏的，既然这样干脆就尽量装好的。我们要时时刻刻想着：看到别人的优点、善行，就要去学习。即使目前水平相差很多，但只要努力去做，也会逐渐赶上。每个人都有优点，要学会发现每个人的优点并向其学习。要找到自己的差距，然后改变自己的思维方式和行为习惯，这样才能不断进步。年轻人应该多读一些伟人、名人的传记，比如拿破仑传、周恩来传等。伟人之所以成为伟人，一定是他的行为与众不同，我们要学习他们的与众不同之处，从而让自己不断提高。

种好种子：看到别人不好的一面，自己能不能一切向内求？为什么你会遇到这个恶人，别人遇不到？这一定是有原因的。你是什么样的人，就会感召什么样的人，这是不以人的意志为转移的自然规律。你种下什么种子，就会收获什么样的果实，这是万物不离的因果律。所以，不要抱怨你所遇到的果实不好，应该自责自己的种子没有种好。没有任何一个人能逃脱因果法则和自然规律，因为这是永恒不变的真理。人之所以会痛苦，往往就是因为不明白这个真理，处处以自己的小我想法为主，这就是与宇宙真理对抗，这样做的结果便是导致自己苦不堪言。其实，即使遇到再复杂的事情，只要能够把念头转过来，就能把复杂的变为简单的，而简单的才是合道的。所以，无论遇到什么，都要向内求，周围的一切，无论好与坏，其根源一定是自己的心，只要把自己的心调到正确的状态，一切都会逐渐好起来的。儒家经典告诉我们：看见别人的缺点或不良的行为要反躬自省，要想一想是不是自己有什么做错的地方，要有则改之、无则加勉。别人有错了，要看看自己有没有这个错，有这个错的话就赶紧改正；因为我看他不顺眼，所以如果我有这样的错，别人看我也会不顺眼，那我就得赶紧改正自己。换句话说，见到恶人，我们也可以用另一种方式向他学习，就是警示自己不要那样做。有人会说，我跟他不一样，那个人是大恶人，我是一个善人。你要提高警惕，表面上也许你没有他表现得那么过分，但若遇到某种机缘的时候，比如遇到孩子不听话、与伴侣拌嘴等等，“腾”一下子火就来了，也许你就跟那人去学了。见到外边的这些恶人恶事的时候，我们怎么样去对待它，一念之差就会导致天壤之别。现在有很多所谓的“垃圾人”，自私自利，损人利己，而且脾气很大。一旦遇到这种人，如果跟他起了争执或者指责他，基本上我们不会有好下场。所以，无论是从明哲保身还是从修心养性来说，我们都一定要学会去找别人的优点。找善人、好人的优点相对容易些，但真正了不起的功夫是找恶人的优点。比如有人欺负你、有人想办法侮辱你，当这个人做的事谁看都觉得错了的时候，如果你还能找到他的优点，这就了不得了。我们的身体跟心理之间是关联在一起的，任何一个心理动态都会影响我们的身体。如果学会去找别人的优点，尤其是找恶人的优点，对我们的身体有什么好处呢？答案是能够帮助我们补肺。肺是非常重要的器官，它是主气的，我们身体的气都是由肺来负责的。肺是“宰相”之官，统理整个身体的气的运行，如果能够去找别人的好处，就可以帮助我们补肺。

德育优先：古人教育孩子，把德学放在前面，最重视孩子品德修养方面的教育，把它放在学问和技艺的前面。我们现在的教育，往往才上小学，老师布置的作业就会让学生做到很晚。这样的做法，除了源于各个学校升学率这根“指挥棒”，老师、家长对孩子学习成绩的过分重视也是诱因之一。当孩子学习成绩下降的时候，家长就会非常着急；当孩子学习成绩好的时候，家长就会非常开心。事实上，家长对于孩子道德教育的重视程度是远远不够的。我们有太长的时间忽略了道德教育，一味地去追求课业成绩，导致孩子一切都向分看，认为只要考分高就万事大吉，以致产生了很多高分低能的孩子。这些高分低能的孩子，虽然能考高分，但是真正走入社会后却很难成为国家的栋梁。现在逐渐也有很多家长开始重视品德教育。品德教育为什么这么重要？一个人要想成才，一定要既有技艺，也有品德。对品德如何定位？就像一个人，必须是既有肉体，也有灵魂。如果没有品德，就相当于没有灵魂的肉体，那叫“行尸走肉”。很多企业里面用人也是这样，人来了以后为什么要用他？往往是看中了其才能。才能是一个人所具备的某些外在的能力，固然非常重要，但是在工作的过程中，用人单位或同事可能会突然发现这个人的思想道德有问题：太自私！虽然能力有，但是由于太自私，会导致公司里其他人心情不好，大家就会因为这一个人的自私而不能团结起来。为什么很多企业的管理成本高？往往就是因为内耗严重，而内耗严重的很大原因就是互相抱怨、指责。之所以容易抱怨、指责，往往就是因为许多人没有接受过品德教育，没有一颗为别人着想的心，自己的心态还是小我的，一切都是利己主义。从这个意义上说，古代人真有智慧，教育孩子首先重视德行，之后才是才艺。当然，才艺也很重要，人毕竟要生存，学习学问、掌握技艺以求谋生也是很重要的，但是对德与才的顺序一定要搞清楚。

顺势而为：让孩子修品德、学才艺是对的，但一定要记住：孩子不如人的时候，或者说他做得不太好的时候，怎么让他自励是非常重要的。鼓励孩子一定要激发起孩子自身的主动性，这个才最关键，千万不要逼孩子。很多家长都是逼迫孩子，强迫孩子必须要如何如何，不这样做就如何如何，这就错了！这叫“对抗疗法”，很容易引起孩子的反感，最终往往是两败俱伤。大禹的父亲鲧治水就是用对抗法，结果就失败了，被砍头了。对待孩子绝不能用对抗疗法，因为孩子勃勃的生机会在你跟他对抗的时候完全被用来对付你，这样的话不但父子、母子之间的关系会变坏，而且对孩子的成长非常不利。一定要顺着孩子的势去辅助，好的家长一定是一个好的辅助者，找到孩子想发展的、擅长发展的方向，然后去观察这个孩子。孩子和小树一样，当小树长歪的时候，你给他调正了，剩下的就不用管了，它自己就会有勃勃的生机，不断地成长。家长怎么样让孩子能够自我激励、奋发图强，怎么能让他自己甘愿、乐意去努力？这就需要我们去思考：怎么样去鼓励孩子、激励孩子、夸孩子。总之，要把孩子领到正确的方向上。当然我们说的辅助，并不是说孩子想往哪里去都行，如果歪了，就得给他正过来。孩子没有正确、错误的观念，无形中他也会有“小我”的意识或行为。他处于“小我”状态的时候怎样去引导他往“大我”的方向去努力？就是要让他为别人着想（利他），在德上要利他。在才艺的学习提高上，我们则应考虑怎样让孩子不断地成长，把精力都用在自己喜欢的方向上。在才艺方面可以不断地去鼓励、夸奖他。孩子的特点就是喜欢夸奖，你一夸奖他就“人来疯”，利用好他“人来疯”，就能让他实现自我激励、自我成长。

智慧开花

内求重生：遇到了不好的事、不好的人，一定要向内求。这就是方向性的不同。一般人的寻常反应是：当遇到了不好的人、不好的事时，都是去抱怨、向外求，认为都是别人的不好。可是这样一向外求，意到气到，就把我们宝贵的阳气泄出去了。阳气，也就是能量、精神、精力。人的精力、能量是有限的，你一旦向外求、多抱怨的时候，阳气就从你身体大量泄出去了。那么遇到这种不好的事、不好的人时，更高明的做法是什么呢？就是向内求，一切都是我不好。这就意味着你的意念是向内的，意到气到，你的阳气还是向内敛，阳气还是补回来。这意味着你向内求的同时，实际上是让内部的能量越来越高。现实生活中确实有很多人实践并惊讶地发现：自己的家人、自己周围的人做得不对的时候，凡是能够自己低下头来，能够傻下来、笨下来、向内求，能够自己心里边说一句"一切都是我不好，一切都是我的错"的人，都受益了、改变了。谁改变了？自己改变了。原来自己低不下来，现在自己先柔软下来了。柔软下来是了不起的，就像老子说的，"刚强者死之徒，柔弱者生之徒"，柔弱胜刚强。谁刚、谁强，等于是死的信息；谁柔、谁弱，这是活的信息、生的信息。当然是活的信息、生的信息更好了。柔弱肯定比刚强要好，因为它是可持续的。硬、直的那一种，就是接近死了，因为不能持续。

做企业也是一样，企业或长寿或短命，区别在哪？短命的企业就是因为太硬、太直了，跟别人去争、去闹，就严重地把其阳气、能量外泄掉了。凡是能够向内求、积累阳气的企业，阳气积累到一定程度以后，里边会越来越软。谁做买卖做得最好？弥勒佛做买卖最好。为什么？弥勒佛见谁都笑，笑口常开，这样才能够招财进宝。

观其所长：一个人一定要把品德摆在前面，有了品德以后，再去学习才艺，才艺就能够发挥正面的作用。品德指的是什么？就是凡事为别人考虑的利他之心。孩子的特点是蒸蒸日上，孩子越小阳气便越足，而阳气充足的孩子就像小树一样，老想往上蹿，蹿得特别猛，长得特别快。在孩子阳气这么足，不断往上长、往上蹿的时候，不要让他虚度光阴，一定要引导他不断地学习，良好品德要养成，才艺也要不断增长。我们在引导孩子学东西时，一定要避免拔苗助长。中国很多父母望子成龙心切，老想让孩子按自己的意愿去发展，并且还老想让孩子一下子提高好大一截，这个思路是很有问题的。孩子的阳气很盛，而有足够阳气的时候，就有无穷的潜力。这个潜力本来是可以涌出来的，是可以产生旺盛创造力的。我们一定要清楚，每个孩子都有自己的人生之路，这个认识至关重要。很多人都希望自己的孩子将来能赚钱甚至挣大钱，当然有钱是好事，但是我们一定要明白，每个孩子都不一样。每个孩子都是一个独立的个体，有他的因缘，有他擅长的东西，有他的兴趣所在，或者说每个孩子都有他喜欢的那个点。这时最怕的是，父母觉得自己没有实现的梦得让孩子实现，或者主观地认为孩子将来要干某种事业才能赚钱，于是逼着孩子去做自己希望他们做的事，这就完全忽略了孩子的兴趣所在。在今天乃至今后的社会中，信息化的发展日新月异，每个人都一定要有自己的特长，这个很重要。那么孩子的特长在什么时候最容易发挥出来？就是在孩子小的时候、阳气最盛的时候，有这么一大股能量在的时候。我们一定要清楚，“三百六十行，行行出状元”，不是所有的人都要成为李嘉诚，也很难成为李嘉诚。我们不知道自己的孩子在哪个领域里会有较高天赋，所以不要浪费了孩子在小时候的勃勃生机、无穷潜力。一个有智慧的父母，是一

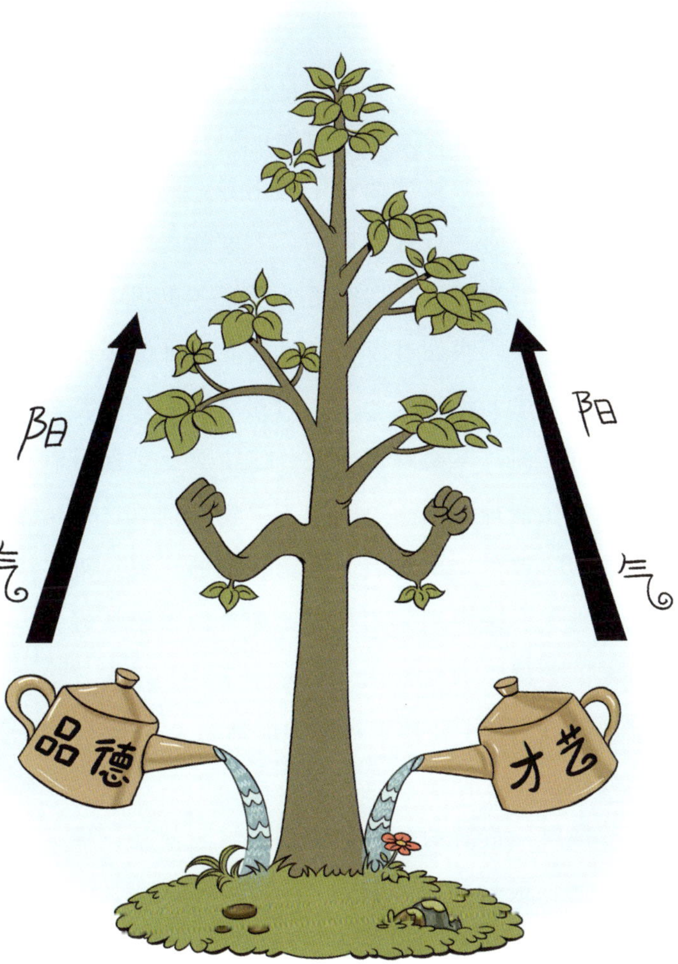

个很好的旁观者、辅助者，会让孩子去自由地、顺其天性地接触各个领域。古时，在孩子大约刚满一周岁之际，家里的老人会安排“抓周”，就是在小孩子周围摆上很多物件让他抓，并认为孩子抓到哪个将来就从事那类职业。每一个孩子都有其擅长的那一面，有比较适合自己的那一个行业。好的父母是先去发现孩子对哪个行业比较感兴趣、比较擅长，然后再鼓励他，给他创造条件，让孩子充分地发挥。当孩子喜欢一件事、充分地投入其中的时候，你就不要再干预了。为什么？因为孩子的勃勃生机已经在给他提供源源不断的养料，孩子在这个领域里一定会飞速成长。

要接地气：家长首先要让孩子健康，而阴阳平衡对健康是有帮助的。小孩子往往火气太盛、胆子贼大，不当的言行不但容易伤身，甚至可能危及生命。无论从孩子的健康还是安全方面考虑，都要尽可能地把孩子的火气往下引，主要是在精神和思维方式层面往下边引导。这个才是可持续的，才是真正地帮助孩子。这个方向一旦知道以后，大家就可以去思考：到底我们应怎样把孩子过盛之火往下面引导？在家里多干家务也很好，让孩子扫厕所也很好，其实有很多的方式，八仙过海、各显其能，每位家长都可以去思考并用自己的方式引导孩子往下走。这个大方向找对了，具体怎么做慢慢去摸索就错不了。对于物质方面，不要看得太重。在物质上要懂得满足，不要跟条件优越的人去攀比；在精神层面上，一定不要输给别人。在精神层面，家长要自己先做一个堂堂的君子。现在因为道德教育的缺失，很多孩子往往单纯用物质方面来衡量别人、来跟别人攀比。比如有的孩子炫耀说：我父母是干什么的，然后每天上学放学的时候用什么好车来送、来接等等。而有的父母为了满足孩子的虚荣心，为了让孩子在同学面前脸上有光，竟也打肿脸充胖子，甚至不惜借车或租车去这样做。孩子的特点是阳气很盛，在阳气很盛的情况下，要想让孩子健康，重要的是助其滋阴。滋阴就是让他的阳气往下降，孩子是越降越健康的。最怕的是本身已经阳气很盛了，我们还助长其往上走，这就麻烦了。孩子最怕的是你不断地让他往上攀高。这是最麻烦的。父母对孩子的成长一定要注意，尤其是在孩子小的时候，因为孩子还没有为社会做出贡献，本没有资本和资格去享受生活、享受物质，而这时候若任由孩子在物质上面不断去享受，就等于在严重地损他的福报，而损福报是一定会出问题的。有句话叫“上帝要想让谁灭亡，必先让他疯狂”，而这个“疯狂”恰恰对于年轻人是最要不得的。当然，年轻人也肯定会因为“疯狂”而不断地摔跟头，不断地长经验。但是就教育来讲，一定不要让孩子对物质方面的要求或需求太大，应引导孩子重视对精神生活的追求，这个引导非常重要。父母首先不要在物质上面去引导他、满足他。哪怕家庭非常富有、条件非常有利，也不要在这方面给孩子过多的机会。为什么？因为这等于在害他。很多父母之所以对孩子溺爱娇纵，理由往往是为了让孩子将来对自己好、能够赡养自己。殊不知，这种做法往往导致孩子到头来不但不养父母，反而愈发认为父母为自己是应该的，乃至于严重地缺乏孝道。

很多家长都希望孩子成长、发展得好，这个心情可以理解，但是方向是不是走对了？这个很重要。我们一定要知道，孩子的特点是阳气太盛，所以就不能再给他阳气了，不能再给他“高大上”了。你给他“高大上”就等于在助长他的阳气，阳气太多了，没有阴的话，就阴阳失衡了。一定要引导孩子往下走，要多给他滋阴，要让他去接地气，这个才是对孩子最好的保护。为什么现在医院里会有这么多的儿童患者，为什么现在孩子这么脆弱？就是因为孩子的阴阳失衡了，阳气过旺了，因此一定要尽可能地让孩子阴阳平衡。要达到阴阳平衡，不应光是在吃的上面考虑，其实在行为上面，完全可以有多种方法滋阴。怎么样往下边去引导，这个就是帮孩子在滋阴。滋阴以后，孩子阴阳平衡了，就能够身体更健康、学习更好、会更有出息，这是一个大方向的问题。当代人的一个特点是住在高楼大厦里边，本来土地就比较少，住的楼再比较高，就很难接到地气了。地气是什么？人活在天地之间，天给我们补的是天气，是阳的；地给我们补的是地气，是阴的。从身体的角度，阴阳要平衡，人才能够健康。一定要既能接得到天气，又能接得到地气，两边都接到，人才能够健康。如果一个人经常住在地下室里，天气就接得不够了，阳气就不足了，因为地下室阴寒潮湿，这样阴过分、阴太重的话，就会患上与此相关的一些疾病。从另一个角度看，如果说住在高楼大厦里面、非常高的地方，天气是接得很好了，但是地气又接不到了。接不到地气就意味着阳太盛而阴不足。现在很多人便秘，就是因为阳太盛而阴不及，水没有了，太干了，就出现了便秘。尤其是孩子，孩子阳气过旺，一定要注意给孩子滋阴。当住得过高的时候，孩子接不到阴气，不能够阴阳平衡，本来阳就过剩了，再不注意滋阴的话，孩子就会出问题。现在为什么很多孩子都容易生病？往往就是因为滋阴不足。当然滋阴不足有很多原因，但长期住在高楼大厦，老在上面，不能接触自然的水、土地，也是非常重要的原因。治的方法是很多的，包括怎么样调剂饮食、怎么样影响孩子的行为等等，但千万不要忽略的一点是，让孩子低下来，去主动接触自然的水土。孩子，特别是小孩子，一定要让他们多到那些平地上去玩，接触那些沙子、泥土等等，这些对帮助孩子滋阴是非常好的。曾经有一个视频是关于孩子教育的，作为一种实践，就是大人带着孩子们去捡垃圾。捡垃圾本身是一个又脏又低的事儿，带着孩子去捡垃圾，实际上这里边有大智慧。什么智慧呢？我们还是要回到原点去分析。孩子的特点是心火太盛。在过盛的情况下，你越是带着他去捡垃圾、去做这种低微的事的时候，实际上就越能够帮孩子滋阴，尤其在孩子成长过程中，如果能够让孩子低头、让孩子能够心往下走，这个就了不得了。很多成功人士特别是大成功人士，以前基本上都经历过很穷苦、最底层的生活，就是因为那种生活客观上帮他们实现了阴阳平衡。过剩的阳气跟滋阴的实践一结合，就接地气了，那么他成长起来以后，就能够更有抵抗力，更能够充满生气，更能够把潜力挖掘出来。

进取常青：取法乎上，仅得其中；取法乎中，仅得其下；取法乎下，无所得矣。这句话是什么意思呢？就是说当你把目标定在上层，那么能够得到的顶多就是中层这个程度；当你把目标定在中层的时候，能够得到的顶多就是下层的；而当你把目标放在下层的话，便什么也得不到了。这就告诉我们，人一定要立志。为什么说人的目标要远大？因为即使目标远大，顶多也就走到中层那个位置。所以说我们在设定远期目标时一定要高于甚至远高于现在的水平。若所设的目标仅比现在的水平高一点点，一努力就达到了，那我们就失去了努力前进的动力。目标也分长期目标、中期目标和短期目标。长期目标一定要非常高远，甚至可以定位成远不可及的，比如说“要成为某个领域的世界第一”“为全人类做出贡献”等等，都可以作为远期目标。远期目标是发大愿，这是对的、是需要的。有远期目标了，你就永远没有尽头、没有止步、永远在不断地努力、进步中。中期目标，比如说几年之内达到一个什么目标，这个相对来讲就比较现实了。短期目标，比如这个月我要做到什么、

终极目标
终身成就奖

这一周我要做到什么、明天我要做到什么，就更加容易设定并为之做出相应努力了。这样有了明确的目标，自己的行为就能规范起来了。总之，我们要调整好自己的心态，看到别人好的地方，不要去嫉妒，而要去思考怎样向人家学习。人活一世，最怕的是失掉进取心。我们活在这个世上，就跟走上坡路一样，不进则退，没有中间路线。如果你停止不动，那么从这一刻起你就是在退步。不仅思维能力、思维方式在退步，而且身体也会随之退化。当一个人静止不动的时候，实际上是在退化，包括健康状况的退化。生命在于运动，运动就是一种进化、一种不断的努力拼搏，必须动起来，身心才能真正得到健康。我们常常看到有些名人，比如政治家、科学家，往往一大把年纪了，九十多甚至一百多岁了，但说起话来仍思维清晰、敏捷，为什么？因为他们在不断地动脑筋，不断地进取，不断地学习、进步。人这一生一定要没有尽头，最怕的是一个人退休以后，天天呆在家里，认为要享福了，天天无所事事，那就麻烦了。一旦无所事事，人的身心就开始退化。很多退休的人为什么迅速开始生出这病、那病，天天围着医院跑？因为自己没有追求了，不再学习了，已经停下来了，这是很大的问题。即使是为了得到健康、长寿，我们也一定不要有“船到码头车到站”的思想，要不断地学习、进取，不断地给自己创立新的目标并时时矫正努力的方向。这是让我们获得健康长寿的一个大秘诀，比吃药还要灵。

19

wén guò nù　wén yù lè　sǔn yǒu lái　yì yǒu què
闻过怒，闻誉乐。损友来，益友却。
wén yù kǒng　wén guò xīn　zhí liàng shì　jiàn xiāng qīn
闻誉恐，闻过欣。直谅士，渐相亲。
wú xīn fēi　míng wéi cuò　yǒu xīn fēi　míng wéi è
无心非，名为错。有心非，名为恶。
guò néng gǎi　guī yú wú　tǎng yǎn shì　zēng yì gū
过能改，归于无。倘掩饰，增一辜。

智慧推送

良药忠言： 正视错误，感恩益友，改过自新，方为正道。听到别人说自己的缺点就生气，听到别人称赞自己就欢喜，这样坏朋友就会越来越多，好朋友就会远离自己。听见恭维的话会感到不安，听见别人指责自己的过错便欣然接受，这样正直诚信的人就会越来越乐于和你接近。不是有心故意做错的称为“过错”。如果是明知故犯的、有意犯的错便是罪恶。如果犯了过错，勇于改正，就等于没有做过错事；如果犯了错误而加以掩饰，那就是错上加错了。

智慧快闪

感恩过错： 作为真正的朋友，对方做错事的时候要给他指出来，让他知道什么是对的、什么是错的，这才是真正去帮助朋友，而不是甭管他做得对或错，都不能说、不能批评他、不能反对他。如果想智慧地帮助朋友，就要分清内心和外相。真正的好朋友，绝不能只满足于你好、我好、大家好，光是这种好，是很难长久的。当然我们与朋友相交的时候一定要注意不要刺激对方，或者说在态度上一定要客气，这个很重要。无论跟谁都是一样，态度上我们一定要尊重对方，维持一个和谐的气氛，否则的话容易招致对方的反感。在外面的态度上，跟谁也不要闹矛盾。在心的层面上，则无论跟谁交往，都要尽可能地去影响他，他有什么样的问题，也适当地给其指出来。如果对方不听的话，你就要看他是什么人：如果跟你很近的人，可多劝他几次；要是比较远的人，就没必要了，只说一次就可以。要根据对方的身份灵活处理。如果是自己的孩子有了什么问题，我们当然有义务不断去提醒他，但是也要注意方式、方法和时机，千万不要在对方很反抗、反感的时候还一味地说教，那样往往会事与愿违。无论想说什么，都一定要讲求效果，要采取正确的方式、方法，才能事半功倍。反过来说，我们也应善交正直之友。如果你交往的朋友只说你好的一面，说明这个朋友还不是真正的益友，尤其是你手里有点儿什么资源或者权力的时候，当别人对你说赞美的话时，你一定要小心了，因为对方可能怀有某种目的。不可否认，很多人愿意听恭维的话。而真正有

智慧的人，当听到别人恭维的话时，就会格外小心。恭维的话、好话、夸你的话，除了另有目的之外，还是在损害和减少你的正能量。当对方说恭维话的时候，往往容易引得我们高傲自大，把自己的傲气激发起来，这是大忌，是很危险的。相反，若有人指出我们的过错，这是好事，应该欣然接受。

心最重要：过与错都是错，做错了就是做错了，只不过是故意与否的差别，这个很重要。我们做事，到底出于什么样的发心，这是“西瓜”、是最主要的。如果是无心做的、无意中做的错事，是可以被原谅的。在法律上，有一种犯罪就叫“过失犯罪”；比如杀人，有的叫“过失杀人”，与其相对的就是“故意杀人”。过失杀人就是无意中不小心把人给杀了，而故意杀人就是成心了，是有准备、有预谋地把人给杀了。当然，对这两种情况的量刑肯定不一样，差距往往是很大的。我们一定要知道，“无心非，名为错”，不是有心故意而做错的称为“过错”，但过错也是错，而只要是错，当事人就要承担一定的责任。当然，一个人故意去做错事就是罪恶，说起来就相当严重了。每个人都会犯错误，不要因为犯了错就自卑、消沉，在这个问题上发心也很重要，先要自问是不是有意的。只要是无意犯的错，就是一个过错，我们就要正确对待，知过而改就好。一个人犯错的时候，最关键的是一定要认错。千万不要先给自己找借口，那就麻烦了。很多人很爱面子，尤其是自己犯了错以后，死活不愿意承认自己错了，这个是大忌。犯错了赶紧承认，而且还能够真正地忏悔，那么所犯错的负面、不好的影响就能够降到最低。而有的人，明明知道某种做法是错的，还故意去做，这就叫“知法犯法”，会显著增加我们的负面信息。负面信息多了、重了以后会有什么表现？比如生病、家庭不幸、家庭出现很多矛盾、事业不顺，都是负面信息引起的。须知故意的犯错叫“罪恶”，后果肯定很严重。既然是故意的，说明你心里想的就是要犯错，而既然是这么发心的，肯定是罪加一等，那是非常严重的事情。

暴露排毒：不管是谁，都应尽可能地把犯的过错、做的那些不好的事情暴露在阳光下。为什么？因为做过的错事都是负面的信息和能量，最怕的就是把它们隐藏、掩盖起来。掩盖起来以后，里边仍是负面信息，只是外边好看、光鲜、亮丽，到头来还是一定会出问题的，因为里边的核心才是最主要的。如果我们察觉到心里边出问题了、在别人看不见的地方出问题了，对这些层面出现的错误，就一定要尽可能地把它们暴露出来。中国人大多碍于面子，往往不愿意把自己不好的事情暴露出来，不愿意让别人知道。可是，越是不让人知道、时时刻刻一直把负面信息包在里边，就越可称得上是给自己准备了一颗定时炸弹。为什么有的企业内耗那么严重、管理成本那么高？往往就是因为它把问题掩盖起来了，没有及时暴露出来。凡是优秀的企业，往往都有一个共性，就是有问题都及时暴露出来，问题一旦暴露出来，就不能够持续存在了。也就是说，造成负面信息的这些因素就会被及时尽早地排除，于是相应地，正面信息和正能量就增加了。再比如身体，有了内毒以后，内毒就会导致你的身上乃至脸上长些东西。长什么东西肯定是不好看，而一不好看我们就要掩饰、掩盖，包括涂一些化妆品，或者通过吃一些药物等等，就是为了把它压下去。这种做法实际上并没有从根本上去除诱因、解决问题，因为这种对抗的疗法是有问题的。犯错也是一样的道理，既然犯错了，就要说出来，说出来就等于把过去自己的负面信息暴露在阳光下，让大家都知道，而且知道的人越多，给你消除负面信息的效果就越好。有的人老是把过去的错事憋在心里，时间越久越不舒服，但当他一旦把自己的过错说出来，就如释重负，马上感觉特别轻松。为什么？因为他的负面信息一旦暴露出来，就会很快排出去了。身体有毒素的时候你要排出来，在排出的时候不要干涉它。排毒的过程一定是不好受的，有的痒，有的疼，有很多不好的感觉。有不好的感觉，恰恰证明是在排毒。这个时候我们不要干涉，只要咬牙挺过去，慢慢身体就能恢复了。现在很多人有了病痛都是习惯性地去医院看病，这样治、那样治，而且还多用对抗疗法。结果，越治毛病往往越多，很多人的问题都是这么来的。一旦我们建立起这种排毒的观念，就不但不去对抗它、压制它，而且还要感恩它，这样一来身心的毒反而能够更快地排出去。

智慧开花

至诚感通：我们只要做到愿意听别人的批评而对别人的赞美感到不安，就能够不断地去吸引正直诚信的人。你是什么人，就会感召什么样的人向你靠拢。你感召来的正直诚信的人，往往是正能量充足的人。你一旦感召来这些正能量充足的人，你的正能量也会更多，身心也会越健康，从而能更好地远离那些负面信息。我们要多亲近善良智慧的人，多听愿意批评我们的人的话。谁愿意批评我们？一定是有诚意的人、诚实的人才能做到，因为他不怕得罪我们，是真正充满正能量的正直君子。应当谨记：绝不能仅仅结交只对我们说好话的人。

泛爱众

20

凡是人，皆须爱。天同覆，地同载。

21

行高者，名自高。人所重，非貌高。

才大者，望自大。人所服，非言大。

己有能，勿自私。人所能，勿轻訾。

22

勿谄富，勿骄贫。勿厌故，勿喜新。

人不闲，勿事搅。人不安，勿话扰。

人有短，切莫揭。人有私，切莫说。

道人善，即是善。人知之，愈思勉。

扬人恶，即是恶。疾之甚，祸且作。

善相劝，德皆建。过不规，道两亏。

23

凡取与，贵分晓。与宜多，取宜少。

将加人，先问己。己不欲，即速已。

恩欲报，怨欲忘。报怨短，报恩长。

24

待婢仆，身贵端。虽贵端，慈而宽。

势服人，心不然。理服人，方无言。

智慧启迪

情商主宰命运——爱人如己

- 你知道怎样与人交往吗？
- 怎样才能做最好的自己？
- 对待他人怎样做最合适？
- 面对义利应该如何取舍？
- 管理的最高境界是什么？

20

fán shì rén　jiē xū ài　tiān tóng fù　dì tóng zài

凡是人，皆须爱。天同覆，地同载。

智慧推送

大爱无疆：生活在世间，爱是解决一切问题的核心。人与人之间应该和睦共处，相互关心，因为我们生活在同一片蓝天下、同一块土地上。

智慧快闪

蝴蝶效应：我们生活在同一片蓝天下、同一块土地上。同一片蓝天指的就是天，同一块土地指的就是地，而人在中间，所以天、地、人合称“三才”。天、地、人是联系在一起的，一个在上，一个在下，一个在中间，完全是相通的、一体的。现在地球温暖化导致了臭氧层破坏，乃至出现了一个臭氧层空洞，有害的紫外线于是得以长驱直入。导致臭氧层破坏的，往往是地球上环境的污染。环境污染不是某一个国家造成的，是所有国家的经济、社会活动共同作用的结果，但由于世界上所有人都生活在同一片蓝天下，所谓一损俱损，所有的人都要一起来承受。土地也是一样，一个地方的土地污染了，产生了很多有毒的东西，这些污染也会慢慢影响到其他地区，因为地下也都是通的。天上是通的，地下也是通的，那么人通不通呢？其实人也是通的。最不可思议的，是人的思想。这个思想，有小我和大我之别。当你是小我思想主导的时候，传播的就是负面信息，积聚的就是负能量。这负能量或许会影响到周围的环境，就像蝴蝶效应一样。比如在咱们这里有一个蝴蝶扇动了一下翅膀，试想蝴蝶扇动翅膀的力量能有多大，但是这个翅膀一旦扇了以后，会有一股很小的、微弱的风。这股风一点一点吹得越来越远，慢慢地再逐渐受到周围环境叠加的影响，一直吹、一直吹，风力越来越大，到大洋彼岸时也许就变成了飓风。这就是蝴蝶效应。人的小我的负面信息的意念也是能量，也会传播，也会变得越来越大；反过来讲，如果我们为别人着想，有大我之心，那么所产生的正能量的想法、信念也是可以传播的。无论是何种意念，其传播速度都是非常快的，往往如电光石火一般。

智慧开花

一体世界：我们任何一个人身上都反映着地球上所有人的特征。具体到一个国家，此国的一个国民就能反映出这个国家的特点；具体到一所学校，该校的一名学生就能反映该学校的特点；具体到一家公司，一位员工就能反映整个公司的特点。从这个意义上讲，我们每一个人也都正在影响着所有其他的人。我们生活在同一片蓝天下、同一块土地上，这里说的就是一体。既然都在同一片蓝天下、同一块土地上，我们的想法就能够影响所有其他人。若是真明白这个道理了，我们还能忽略任何一个人吗？任何一个人都会影响到我们，当然我们也能影响到任何人。我们能够去骂青天吗？我们能够去污染土地吗？大自然本就有一个特点，就是你怎么对待它，它就怎么对待你，就像你怎么对待别人，别人就怎么对待你一样。自然跟人也是无二无别的。所有人都是一体，甚至人与天是一体，人与地是一体，是没有分别的。一旦有了一体的概念，就开始迈向大我了。当这个大我的观念真正深入自心以后，小我就慢慢地缩小、减少了。因为小我会增长负能量，会产生不好的信息，所以经典里面所弘扬、宣传的都是大我的概念。只要不断地滋养这个大我，我们的正能量就能不断生出并升起来，就能慢慢地扩大自己的心量，进而与天地宇宙的能量共振、互通，这才是真正能够帮助我们解决任何问题的关键。

21

xíng gāo zhě míng zì gāo rén suǒ zhòng fēi mào gāo
行高者，名自高。人所重，非貌高。
cái dà zhě wàng zì dà rén suǒ fú fēi yán dà
才大者，望自大。人所服，非言大。
jǐ yǒu néng wù zì sī rén suǒ néng wù qīng zǐ
己有能，勿自私。人所能，勿轻訾。

智慧推送

德才兼备：做最好的自己，就要努力做到德才兼备。品行高尚的人，名声自然高远。人们所敬重的是德行，而不是外貌的俊秀漂亮。才学丰富的人，其声望自然就会高。人们所佩服的，是有真才实学的人，并非说大话的人。自己有才能，不可自私，要用它来帮助别人。别人有才能，不可心生嫉妒乃至诽谤中伤。

智慧快闪

认准“西瓜”：德行也好、品德也好，都属于道的层面。道是无形的，看不见的，但它是最重要的，是占大头、绝大多数的。我们一定要抓住“西瓜”，不要舍本逐末地去抓“芝麻”，这个是非常重要的。看不见的道德就是“西瓜”，抓住“西瓜”就是抓住了根本。我们并不特别强调看得见的层面，而是重视看不见层面的道德品行的提高，真正重视这个了，自然我们的影响力、名声就会慢慢变大。人们所敬重的就是这个德行。因为它才是“大西瓜”。在任何情况下我们都不要被表象所迷惑。一个人非常有德行的时候，人们自然而然就会敬重他，这是不以人的意志为转移的。我们一定不要忘记貌与德的比例关系，外表、外貌是俊秀也好、漂亮也罢，只不过占了2%～3%而已，就算做到极致，也不过如此。但是在占97%～98%的德行方面，德行上若是差一点，可就差多了。真正有智慧的人，一定是在看不见的道德、品行层面努力。现代人往往关注俊男靓女，很多人追星常常是看他（她）漂不漂亮，但是人对外在美的追求往往只是一阵子而已。看人的外表，开始或许觉得挺漂亮、好看，但是看着看着就会腻，想得到别人的长久尊重是不可能的。如果追这个就完全错了，因为它只是昙花一现，只是表面的那一段而已。就有那么一位女演员长得是挺好看，所以很多人就追他，媒体也不断地去捧她，于是她就红了，而且火了许多年，但是那又如何呢？当德行不够的时候，最终还是一败涂地。

很多人非常希望能够提高自己的知名度、影响力，但往往不是靠真才实学，而是靠显示自己，自鸣得意地在各种场合不断地强调自己无所不知。其实，真正肚子里有东西的人，几乎都不是急着去表达自己的人，那些急着表达自己的人，基本上都是属于嘴尖皮厚腹中空的那一类。我们在跟别人接触、交流的时候，一定不要在外相上的2%～3%的部分下功夫，总想要在外相上让自己占优势、让人家相信自己、让人家服软，那样的做法是浅薄无力的。真正能够让别人信服、佩服的，绝不在外相上，而是在真才实学上。我们学习、了解了这一道理后，就要在那看不见的97%～98%的部分下功夫。别人不是争吗，争的是什么？是外相。在看得见的地方让他们去争，咱们不去争。让人家去争而自己不争，反而能得到更多。这是大智慧，是天道。为什么？就是因为不争，我们反而把握住了看不见的97%～98%，别人争了半天也只争到2%～3%，可以说是“芝麻”，当然没有咱们的“西瓜”大了。

自己有才能，绝不能自私，一定用它来帮助别人，特别是去帮助那些困于不足的人，这就是合道。道是什么？老子在《道德经》里告诉我们，道就是老天的道、天道。人一定要法天，要按照天道走，不可能让天跟着我们走。天道的基本原则就是“损有余以补不足”，人的行为一定要符合这个天道。不光是才能，实际上可以扩大一下范围。比如有的人钱很多，但有钱也要行天道，也要损有余以补不足。比如说亿万富翁、华人首富等等，一个人达到一定的层次、有这么多钱了，还要不要行天道？这是一个值得深思的问题。富人的“天道”，就是多行善、多捐款、多做善事，要把自己的钱拿出一部分去帮助那些需要的人。如果说一个人只知道自己赚钱，而不去帮助那些需要的人、不去做各种善事，这个就只是“人之道”。人之道是违背天理的。只行人之道而违背天道会有什么结果呢？逆天者亡。无论是企业的经营还是我们的生活，要想让它们可持续，一定要符合天道，要符合天人合一的法则。所以说我们获得成功、有了财富，就要拿出一些去做善事，一定要给别人，决不能自私，自私就是不合天理、悖于天道。不妨审视一下自己家，你也许没有才能，也许没有金钱，那么你家里有没有书？你家里有好多书，宁肯堆在家

里也不肯给别人，这也叫违背天道。我们要好好审视一下，到底自己在哪些方面比较富有。比如有的人喜爱收藏，有很多藏品，而且非常昂贵。在藏品那么多的情况下，应怎样去做？很多人拿出来展览、让别人看，这也是分享，不是说必须把这个藏品送给别人。当然，也有很多人把一些藏品献给了国家，那是很了不起的。须知我们无论什么都不能太多、不能太过，什么东西多了以后一定要主动拿出来给那些匮乏的人。为什么？这叫“合天道”。一定要让自己的行为符合天道，这样我们才能够天人合一。只有做到了天人合一，我们才能够天长地久。

别人有才能，不可心生嫉妒乃至轻易诽谤。关于这个问题，我们一定要认识到一个事实：看到别人有才能就嫉妒，甚至诽谤，人性就是如此。我们的目的是认识人性，而不是一味地去否定它。认识人性的目的是规范我们的行为。别人有什么好事的时候我们要赞叹：你太棒了！但是这个赞叹不能是表面的，不能心里边存着嫉妒，那就不好。我们要知道这个道理，也就是说当别人有什么好事的时候，我们能不能真正做到发自内心地去随喜而没有一丝的嫉妒？应朝着这个大方向去努力。赞叹别人，一定要真心实意地、没有任何小我、嫉妒等负能量地去做才圆满，要把人家的好事等同于自己的好事。因为有这种心态，我们自己就能得到正能量。正能量一旦积累起来就了不得了，是能解决我们实际问题的，而随喜就是很好的方法。

智慧开花

事相圆融：我们在社会上跟别人接触也好、做买卖也好，一定要知道，社会上的人还是比较重视外表的。外表占的比例虽然很小，却并不等于就可以不修边幅，不等于就可以随随便便地穿着、让人看了以后不舒服。我们内在的心跟外边的相一定要分开：心里一定要如如不动，一定要看淡，不要去过分追逐外表的华美，因为这些东西是虚的，一定要注意追求高贵的品质、道德才对。在外相上面，我们在这个社会上生活，要去做买卖，要跟别人接触、交朋友，试问谁愿意跟一个不修边幅的人交朋友？谁不愿意所交的朋友能够穿得立立正正、看着清爽漂亮？一定要把内心和外相圆融起来，千万不要偏颇地追一个方面，心里边怎么追道德品德都不为过，但是在相上一定要符合社会大众的标准。因为我们都要在社会上生存，所以不要太过于追求独树一帜，不要老想跟别人不一样，一定要懂得随顺，莫做一个一眼看上去就与众不同的人，而是要做一个看起来跟大家没有什么区别的人。看起来虽没有区别，实际上有没有区别呢？有！区别在哪里？就在于我们善于抓住“西瓜”！要在“西瓜”上面、在百分之九十七八的上面做文章，这才真正是把精力用在了刀刃上！也就是说，在心上面我们要追求看不见的道德、学问等，那些是实实在在的东西；同时，在相上我们也重视那百分之二三的东西，比如外表干净整齐、言行优雅得体等等，总之能够随顺大家就对了，不要整得自己跟老古董一样。这样慢慢圆融起来，把重点、非重点，“西瓜”“芝麻”分清楚就好了，这样智慧就生起来了。在心的层面上我们要如如不动，要做到坦然接受一切、感恩一切，相信一切都是最好的安排。这就是“大智慧”。要想成功，就要做到一个“让”字，在利益问题上，不妨让别人去争，我们就不争了。越是不争，最后却越能得到，这就是大智慧！

22

wù chǎn fù　wù jiāo pín　wù yàn gù　wù xǐ xīn
勿谄富，勿骄贫。勿厌故，勿喜新。

rén bù xián　wù shì jiǎo　rén bù ān　wù huà rǎo
人不闲，勿事搅。人不安，勿话扰。

rén yǒu duǎn　qiè mò jiē　rén yǒu sī　qiè mò shuō
人有短，切莫揭。人有私，切莫说。

dào rén shàn　jí shì shàn　rén zhī zhī　yù sī miǎn
道人善，即是善。人知之，愈思勉。

yáng rén è　jí shì è　jí zhī shèn　huò qiě zuò
扬人恶，即是恶。疾之甚，祸且作。

shàn xiāng quàn　dé jiē jiàn　guò bù guī　dào liǎng kuī
善相劝，德皆建。过不规，道两亏。

智慧推送

外圆内方：与他人交往，要保持外圆内方的原则，方可出入无碍、圆融自在。不要去讨好巴结富有的人，也不要在穷人面前骄傲自大。不要喜新厌旧，应珍惜老朋友，而莫去巴结有地位的新相识。当别人很忙的时候，不要去打搅他，这是对人的一种最基本的尊重。当别人的身心欠安的时候，不要用闲言碎语去干扰他。发现了别人的短处，不要随便去揭露。对别人的隐私，切忌去宣扬。赞美别人的善行，就等于自己也做了一件好事，因为对方知道了会更加勉励行善。宣扬别人的过错本身就是一种恶行，不仅如此，还会遭到别人的憎恨，为自己招来灾祸。朋友之间互相规过劝善，彼此都能成就良好的德行。如果有错不能互相规劝，两个人在道德上就会有所缺陷。

智慧快闪

遵行大道：《道德经》里有句话："天之道，损有余以补不足。人之道，损不足以奉有余。"天之大道是，对于多的要给他去掉一点儿，对于少的要给他补上一点儿。这就是老天之道。人之道却是"损不足以奉有余"，就是说越不足的、越不够的越去减损它，越要从那里索取；越多的反而越给你。通常所说的"马太效应"，即越富有的人因为有投资的资本，就越来越有钱，而穷人吃光用光便越来越穷，就是但行"人之道"的结果。我们一定要回归大道、回归天道，而天人合一是最高的状态。那么，怎样才能达到天人合一？这就要求我们的行为靠近天道。天道是损有余以补不足，也就是说要把多余的拿掉并将其补给穷人、补给那匮乏的。对富有的，我们不要去巴结他，不但不巴结他，如果有能力的话还要去影响他，让他去做一些公益事业，这是行天之道。从这个角度来讲，我国一直在大力推动扶贫，提出的目标是2020年之前消除全国所有的贫困户。显然，这种政策的发心完全是符合天道的，也就是损有余以补不足。上有好者，下必甚焉。在这种国策的推动下，全国各个层面、各个地区，凡是有能力的都去帮助这些贫弱的地方。可以说，我们国家的各个层面都在往符合天之大道的路上走，假以时日，中华民族的伟大复兴是指日可待的。

一个人在穷困潦倒、或者说没有什么成就的时候，都有自己的朋友。事业有成以后，也还有同学、老乡、朋友之谊。人跟人之间是有情谊的，而这个情谊最好没有受到经济或身份等的影响。一旦有这些因素掺入，我们的小我思想就会冒出来，而这时所做出的判断，几乎都是不合道的，也是长久不了的。人与人之间的交往，往往是在没有小我概念、没有分别心的情况下才能走得更长久。朋友之间是这样，夫妻之间也是一样。古语说"糟糠之妻不下堂"，为什么这么讲？夫妻在刚刚结婚的时候两个人一起打拼，往往都是没有钱、没有地位、没有身份，什么都没有。而恰恰因为什么都没有，两个人才更能同心协力地一起打拼。在没有小我思想的情况下，两个人完全是为了成就这个家的大我，一心想把这个家经营好，所以这时往往都是很开心的，只想着付出。而等到有一天有钱了，夫妻的分别心便开始出来了，先生会嫌弃妻子长得不好，而妻子又会对先生疑神疑鬼，于是两个人开始各怀鬼胎，眼中都是对方的缺点，分别心越来越重，这样下去只会迎来悲剧的结局。这都是陷入小我思维所带来的不幸，所以只有生起大我的发心才能不断积累正能量，有了足够的正能量才能更容易合天道，当我们的行为处处符合天道时，生活和事业就会越来越顺利。

安人修已：在跟人接触的时候，一定要为别人着想，站在对方的角度，观察对方是什么状态，千万不要自己想怎样就怎样，而不管对方的状态如何。在这一点上，下属对上司很容易做得好，因为下属会考虑上司现在方不方便，要等其方便的时候才去找他，很忙的时候便不去打扰他。同事之间若也能做到这一点，就是对他人的一种尊敬。同样，当下属比较忙的时候，即使作为领导，也不要随意去打扰他。员工在工作的时候，需要全力以赴地投入，这时最怕的就是受到干扰。如果说不是非常紧急的事情，上司就不要去打扰下属，等他忙完后再说，这也是对下属的尊重，也更能保证其工作效率和质量。即便从另一个角度，排除上下级关系，勿行搅扰也是对人的一种基本尊重，就是要站在对方的立场上，让对方把他忙的事先做完。比如我们要打电话，可以先问一问“您现在忙吗，方不方便语音”，这是对对方最起码的尊重。当然，如果你看到一个人需要帮助，就可以主动上前询问，这就不算是打扰。总之，一定要怀着一颗同理心对待身边的人，这就是一种利他之心、大我之心。有这种发心，才是合道的，才是可持续的。

批评别人的话，尽量要私下里说；表扬别人的话，则尽量当着大家面来说。为什么呢？你在表扬一个人的时候，实际上其他人都在听着。这种情形实际在传递一种信息，就是我们在鼓励什么样的行为，那么大家听了以后心里就会想：“你表扬他了，那下回我这么做，你也会表扬我。”这样的话，你在表扬一个人的同时，就是在鼓励大家，鼓励别人做同样的事情。为什么批评人不宜当众说，而要私下说呢？一方面是因为涉及人的面子问题，另一方面也要分清具体情况。有的人做错事确实属于无心之失，对于这种无意之间做了错事的，要是当众去批评他，这个人的积极性就会受到非常大的打击。本来这个人很可能是在非常积极的状态下不小心做错了事，这时如果不给他面子而当众批评他，就会严重影响其对整个集体的尊敬或爱意。换句话说，就有可能因为你当众的批评，这个人从此对你和整个集体产生敌意，甚至会认为你不给他面子而心生仇恨。要说批评别人的话，一定要在私下里与对方说。这样一来，首先他不会产生面子的问题，其关注点会放在事上，会认真考虑："这事儿我怎么做错了？下回怎么样不做错？"如果私下里批评，哪怕你批评得严厉点儿都没关系，因为这是针对个人的，当事人不会担心别人怎么看，完全可以就事论事。但是你要是当着众人的面去批评一个人，这个人首先就有一个面子的问题，他把面子会放在前面，而对事本身的考虑就会放在后面。那样一来，不但这个事他不会改正，反而会因此心生怨恨，就得不偿失了。企业管理上尤其要非常注意保护每一位员工的积极性，一定要考虑这个人的发心是怎么样的，多肯定、少批评，更不要随便去揭发别人，这是道的要求，我们要尽量依道去做。

别人之所以跟你说自己的隐私，是因为他把你当成自己人，当成非常亲密的好友。如果你把人家的隐私说出去了，早晚会传到他的耳朵里。他本来是跟你一个人说的，因为听到你给传出去了就会怨恨你，那么不但朋友没得做了，反而可能会成为仇人。有时明明答应人家不说，到头来还是说出去了，说话不算话，这叫"妄语"，而妄语是有罪的。对别人的隐私，切忌去宣扬。且不说别人告诉你自己的隐私后特意叮嘱你不要往外说的情形，就算你偷偷发现了别人的隐私，也不应往外说。如果你往外说了，就等于把人家不愿意让外界知道的事告诉了大众，这就违背了伦理道德。我们的行为、言语一定要符合正能量，你要是去传播别人隐私等等，这叫"碎嘴子"，这叫"阴气"，往往导致祸从口出。好多人总爱去传话，好像总想整点是非出来，像这样也是积少成多、从量变到质变，时间长了这种人的负能量会明显增加，进而影响到心理和身体的健康。

看到别人有什么好事的时候，对其称扬、赞美，这当然是善、是好事。当对方知道你赞美他了，就会更进一步地想去行善。尤其在孩子的教育上，有种方法叫“赏识教育”，就是尽可能不要和孩子对抗，而是要多伸大拇指，多赏识孩子。孩子有“人来疯”的特点，我们不妨就利用这个特点，赏识他，鼓励他，孩子就愿意听你的话，这样一点点地引导孩子去做正确的事。赞美别人的善行，真是一件非常好的事。不光是对待孩子，对待其他家人、同事、朋友，都是一样的道理。谁都愿意听好话，谁都希望得到别人的赞美。多说好话，多去赞美别人，就会让他人生起善的想法。这就是一件有功德的事。更重要的是，赞美没有门槛，谁不会随喜、赞叹别人啊，这不需要成本和条件，只需要说几句好话就可以。说对方好话的时候，不要去想什么，要把一切顾虑都空掉，就觉得这事你该做，你说了就行了。不去想、就认为这是自己应该做的，养成习惯后，就等于天天在给自己增加正能量，而当正能量日积月累直至从量变到到质变的时候，对我们就会产生质的正面影响。

别人做错了事，我们应该怎么做？那得看对方是谁。如果是朋友或者同事的话，你得观察跟他的关系到底如何，考虑他愿不愿意倾听你的意见，如果说他有可能虚心接受的话，你就可以在私下里告诉他。但前提是你一定要判断好，就是说他有可能听你的。如果说这个人是一个非常傲慢、谁说话都听不进去的人，你清楚地知道即便说了他也不会听，那就不要说。“扬人恶”的意思，就是说我们在背后宣扬别人的过错，说某某说了什么坏话、做了什么坏事等等，这实际上是非常不好的一件事。在背后我们千万不要说别人的坏话，因为在背后说别人的坏话，一旦被当事人知道，影响是非常恶劣的。甚至有的人了解到你在背后说他坏话时还会伺机报复，有可能就酿成无妄之灾，这是非常可怕的。

审视朋友：交朋友一定要交善友，通过交这个朋友，能够让你得到提高，这才是正确的交友原则。如果说交了这个朋友以后，不但不能提高，反而要趋向堕落，那这个朋友就不可交。要对自己的朋友重新做一个审视，判断一下朋友里面哪些是善友，跟谁、跟哪个朋友在一起能够不断地提高自己，至少自己不会堕落，这样就可以与其多多交往；如果说跟这个朋友在一起仍怨气不断，负能量十足，乃至身心很不舒服，那就一定要远离他。真正做朋友，一定要能够互相促进、共同提高、互相成就对方。对方有问题、错误的时候，一定要给他指出来、帮助他。那么什么是恶友呢？就是那些不但不能成就对方反而还会把对方往下边拉的人，往往拉人去做坏事，教人怎样去享受，让人心狂乱，等等。甚至有的所谓“朋友”，为了能够得到别人的信任，投其所好，对方想听什么就说什么，不想听什么就不说什么。当然这样的人往往有其目的，有的是虽无特定目的却也全无智慧，根本不知道应该怎样去帮助自己的朋友。从大道的角度看，小善往往是大恶，有的人凡事虽抱着一颗好心，但常常以维护朋友关系为目的，好像只要是自己的朋友做什么都行，这就大错特错了。这样的人不但难以交到良友，而且往往在朋友做错事时自己也遭到牵连、受到不好的影响。做善友，就要尽可能地把对方往好的、正确的方向上引导。尤其是学习传统文化后，我们知道了每个人有各自的道，知道了这个道应该怎么行，那么在交朋友的时候，就要把自己知道的这些东西，让对方也知道、也得到。应当注意的是，跟朋友讲这些是很好，但要考虑对方到底接不接受、怎样才能让对方真正接受和做到，而绝不是说不管三七二十一，反正我认为这个对，我就该说的全说出来，完全不讲究效果。我们告诉人家好的道理不是目的，真正能够让他接受和做到才是目的。“善相劝”，就是要知道怎么劝人才能达到目的。劝人，是有一定技巧的，不是直直地有什么就说什么，那样做有可能造成对方的反感，就事与愿违了。要根据对方的状态、对方的情况、对方的性格等等，来采取相应的方式，使其认同并实践正确的言行。让人接受真理并依道而行了，我们就尽到了一个良友的责任。作为一个好的朋友，能够帮助对方提高，或者互相帮助，这样双方慢慢都能够不断成长，这就是正向循环。而看到朋友的错误，不但不去劝他，反而投其所好地去夸奖他，这就大错特错了。须知有时一个人做错了，自己未必能意识到，往往认为自己是对的，所谓“旁观者清”，作为朋友，只要是为对方好，对方的错误该指出来也要指出来，这样就能助其改过。如果看到问题不提，甚至助长他的错误言行，就等于双方在品行上都有欠缺，最后导致的结果是一齐堕落，如此则对己对人都没有任何益处，完全失去了交朋友的意义。

智慧开花

用好心法：心法，即如何用好自己的这颗心，分内心和外相两个层面。内心最高的状态是如如不动，无论在什么时候，我们的心一定是如如不动的，这个是最正确的。传统文化中的“道”有时看起来冷冰冰的乃至好像没有人情味，但是恰恰是这种没有人情味的道，能够真正帮我们解决问题。解决问题了，那才能真正得到大安乐。这就是所谓的“大爱似无情”。内心如如不动了，则定能生慧，于是在外相的层面上，就能灵活圆融地待人处事，从而获得幸福人生。

23

fán qǔ yǔ　guì fēn xiǎo　yǔ yí duō　qǔ yí shǎo
凡取与，贵分晓。与宜多，取宜少。

jiāng jiā rén　xiān wèn jǐ　jǐ bú yù　jí sù yǐ
将加人，先问己。己不欲，即速已。

ēn yù bào　yuàn yù wàng　bào yuàn duǎn　bào ēn cháng
恩欲报，怨欲忘。报怨短，报恩长。

智慧推送

取义舍利：面对义利恩怨，要“义”字当头，取舍才能得当。无论是从别人手里拿东西，还是把东西给别人，一定要分清轻重。给别人时不妨多给一点，从别人那里拿的时候要少拿一些。这是人情往来的道理。想让别人做一件事，首先要问一问自己愿不愿意做。如果自己都不愿意做，就干脆也不要让别人去做了。接受了别人的恩惠，一定要找机会报答人家；别人如果有对不住自己的地方，最好尽快地忘掉。抱怨的心思停留得越短越好，报恩的心意则越长越好。

智慧快闪

择机奉献：如果秉持自己留得少一些、让别人拿得多一些的原则，实际上就是一种奉献，虽然形式上不一样，但原理是一样的。执著于小我就希望自己能得到越多越好，总怕自己吃亏，老想多占便宜，这就是小我在作怪。修行就是去小我，把小我转为大我的过程。在日常生活中，在跟人交往过程中，时时刻刻都面临着到底是自己多拿一点儿、还是少拿一点儿，多给别人一点儿、还是少给别人一点儿这类的选择，与其特意拿出钱来去行善，还不如在这些具体的事上来锻炼自己能舍的心，就在这些小事上随缘做奉献。比如说到菜市场买菜，小商贩多给一点儿少给一点儿，就是考验你是不是有布施之心的机会。卖菜的小贩也不容易，菜少给了点儿你也挺欢喜地接受，这就等于布施了。再比如你把小商贩找你的零钱退给他，对方也会挺开心。这就叫“随缘布施”，都是在修炼这颗心，是渐渐去除小我心的一些方法。

人最怕的是自私，就是时时处处为这个小我去考虑。有这个身体，就决定了每个人都想自己多捞一点儿，自己得到好处。《弟子规》告诉我们：不要一切以自己为中心，要为别人着想。你自己都不愿意做的事，就不要让别人去做；而你自己想要的东西，就要给别人。但有一点需要避免，就是凡属自己稀罕或珍视的东西，就拼命地向别人推荐。这样的做法是有大问题的。这些人往往心是好的，总想帮助别人，但由于没有足够的智慧，所以越想帮人，就越搞得一团糟。学习，最主要的是学习智慧，应当用智慧的双眼帮助自己去判断。有了智慧以后我们才知道什么是对的、什么是错的，但知道什么是对的之后，在何种时机下跟对方说才能让人家接受，这就看自己有没有智慧了。不是说我认为这个对他好，我就一定随时去说，而不管对方愿不愿意听，那样的话往往事与愿违，是错的。我们一定不要做这种人。是什么位置的人，就应该做什么样的事，或者说在什么场合就应该做什么事，抑或说在什么时机应该做什么事，这些都要恰到好处，否则叫“过犹不及”。判断是非常关键的，一个人有没有智慧，主要就反映在他会不会判断上，比如话该不该说、什么场合应该说什么话、遇到什么人应该说什么话，等等。你说的话是对的，你的心也是好的，但是你不该说的时候说了，或者对不该说的人说了，那样的话就错了。怎么能够找到那个恰到好处的火候？这个就是我们要努力去解决的问题。无论做一个企业，还是解决家庭问题，又或是日常的待人接物，都是一样的道理。有了智慧，我们就知道什么话要在什么时候说，因为同样一句话，在不同的时机说所起到的作用是截然不同的。找对那个时机说出来，你的话就重逾千钧；反之，这句话若在不该说的时候说了，那就轻于鸿毛——人家根本不往心里去。那么，在跟别人交往的时候，如何判断自己的行为是否合宜呢？这个判断标准不是说“我做了什么”，而是说通过与对方的交往你能不能让对方受益，或者说你能不能让对方走在符合其身份的道上，如果对方能走在道上了，说明你就做对了。

以直抱怨：不要老把仇恨记心里。近些年来的很多影视作品，包括一些所谓的“武侠片”，其中的价值观往往有些问题，比如说某某仇人，把我们家某某欺负了，或者曾经伤害过我们，所以我必须要报仇，君子报仇十年不晚等等，这些东西实际上助长了人们的报仇心态，非唯无益，实则有害。中国古人认为，有恩一定要记得报答，有怨则要尽量把它忘掉。孔子的一个弟子问老师：如果别人欺负、伤害我，我该怎样去对待？孔子告诉他，要“以直报怨”，就是说该怎么着就怎么着，不要用一些主观意识去对待他。这个人伤害过你，但你要看你的身份，然后做符合自己身份的事。比如你是卖东西的，有个人伤害过你，现在又来买东西，你该怎么做呢？就是东西该卖还是要卖给他，同时，作为卖方店员，既然对所有客人都应该微笑，那么你对他也要微笑。总之，应把自己的道行好，不要夹杂一些主观的东西在里面，而是该怎么做就怎么做。

智慧开花

以德报怨：对所有有恩于我们的人，我们当然要感恩，而对那些伤害过我们的人，我们更要感恩。为什么呢？因为表面上伤害我们的人，恰恰是对我们非常好的人，是给我们增加营养的人、帮我们"排毒"的人。一个人的成长，就跟庄稼一样，庄稼成长需要阳光、水分、肥料，人的成长是一模一样。人也需要阳光。人需要的阳光是什么？就是鼓励、表扬、称叹、赞美。谁都喜欢听好话，听了好话以后不但开心而且更有自信。这确实是每个人都需要的。人同时还需要肥料。人需要的肥料是什么呢？就是必须经历痛苦、失败、挫折，这些对于人的成长是宝贵的“肥料”。当我们遇到伤害我们的人、侮辱我们的人、让我们非常痛苦的人，如果能够把这个人看成是来给你施肥的人，你能不心存感恩吗？他确实是来给你加肥料的，只不过这个肥料你得甘心去接受它，才能充分地享受它给你带来的营养。如果是心存不甘，或者心里非常嗔恨、抱怨，那么从结果来看，虽然也是给你加营养，但你所能得到的营养就少得多了。以德抱怨的道理更深刻，真正做到这一点，就能帮我们解决大问题。

24

dài bì pú shēn guì duān suī guì duān cí ér kuān
待婢仆，身贵端。虽贵端，慈而宽。
shì fú rén xīn bù rán lǐ fú rén fāng wú yán
势服人，心不然。理服人，方无言。

智慧推送

合理管控：管理的最高境界是管控合理到位，令人心悦诚服。古人在对待家中的婢女与仆人时，总是首先注重端正自己的品行，事事以身作则，而不轻浮随便。虽然言行端正很重要，但是仁慈宽厚更可贵。如果对待下属是用权势逼压、强迫对方屈从的话，虽然对方表面上不敢反抗，但心中却难免不服，甚至完全不以为然。而唯有以理服人，才能让人心悦诚服、没有怨言。

智慧快闪

体恤之心：对待比自己低的人，像下属、晚辈等，要做到品行端正。对待下属，首先自己要以身作则，而不是呼来唤去的；该给的待遇一定要给，要说话算话、客气有礼，而绝不能心怀不轨甚至占下属的便宜。你怎么对待下属，下属就怎么对待你，因为力的作用是相互的。尤其是当双方的力量对比强弱悬殊的情况下，强势的一方，也就是我们说的上司一定要主动，要自己先主动地对弱势一方示好，这样的话弱势一方也就很容易做好。不要要求弱势的先做，包括很多企业老板也是这样，总觉得反正我给你发工资了，你这个员工就应该如何如何，这就不对了。就劳资双方的关系和交流来说，工资当然是一个必要的基本条件，但绝不是说因为给了工资，老板就可为所欲为，这是绝对不行的。即使你给别人发工资，也要把对方当成一个平等的人来看待。作为强势的一方，对弱势方首先自己要低下来，或者自己先要为对方去着想，这样的话对方才能为你着想。上司与下属之间的关系怎样构建与维护，是一个很大的学问。但是基本原则一定是，强势的一方先要主动地为对方着想，这是能够形成良好的上司与下属之间关系的前提，没有这个前提，别的就都谈不上。

软语柔心：有些家庭的女主人，在行为上是一把好手，重活、脏活、累活都是自己干，一切都以孩子、先生为主，时时处处为全家着想，做得兢兢业业，把家庭整理得非常好。这叫行为端正，也就是说行为上面做得很好。但是有的主妇存在一个很大的问题，就是爱抱怨，比如会说“看我做了什么什么，我为这个家付出这么多，但自己男人到家就呆着、坐着，也不知道表扬人家几句”，怨气很大。实际上很多家庭矛盾不是因为女方行为不好，或者男方的行为不好，而往往源于态度问题，或者说问题大多出在心上。我们一直在强调内心，内心固然看不见，但是它是非常重要的，它是大头，占了百分之九十七八的比重，而表面上的行为只占了百分之二三而已。如果我们只关注表面行为，而心态出了问题，那心里的想法就都是负面的，负能量就会很重，怨气也会变得很大，家庭的和睦就很难得到了。就像很多家庭女主人虽做了很多的事，但是当她抱怨、心里负能量很重的时候，往往夫妻感情是很糟糕的，两口子吵架冷战、对孩子影响不好等各种负面的现象都可能发生。虽说一个人品行端正很重要，但是仁慈宽厚更可贵，也就是说你不光是行为上面要做好，而且在心上面也要做好，况且心上面的占了百分之九十七八，所以更为重要。就像我们刚才说的，作为一个女主人，你在家里什么活儿都干了，这固然很好，但是你要自问：自心是不是真正做到了慈悲柔和？当你的心没有真正柔下来的时候，当自心很强势的时候，就算事做得再好，也会招致男方的反感。所以我们学习传统文化，一定不要做一个什么活儿都干了还要挨人骂、还会导致两败俱伤的人，这就太吃亏了。特别是家里的女主人，应该做一个聪明的女人，一定要牢牢地把握住心法这个“西瓜”，要让自己的心时时处在柔软的状态。男人其实有时对女人的要求并不是很高，哪怕一个女人家务活儿干得不太到位都没关系，但是一定要会说话，或者让男人觉得很有面子，或者会撒娇等等，如此则男人甚至会帮着干活儿。千万不要只关注自己表面上做了什么，而是要把如何发心放在最主要的位置。夫妻之间是否能够和睦相处，主要取决于眼睛看不见的这种发心。说到底，要看女方的心态是不是柔。那么，男刚女柔、男火女水这类说法依据什么？依据的是天地定位！也就是说，这是大自然的规律，是不以人的意志为转移的。谁做到了谁就天人合一，谁天人合一了，谁就能得到大自然的滋补，就是这么一个道理。所以说要做一个有智慧的女人，也就是绝不能只关注自己做了什么，自己做了什么真没有那么重要，因为那只占了百分之二三而已。

以理服心：当你用强势去压人的时候，别人也许只在百分之二三这个层面屈服于你的这种强势。而在屈服你的强势的同时，每个人都仍会有自己的想法。人人都有个小我，当他自己心里边有疑问或者不服的时候，如果你用强势去压他而使他不敢说出心里话，表面上他是不说了，但是他心里边是不是真的就不这么想了呢？不会的！为什么？因为“胳膊拧不过大腿”，“西瓜”是大头，你重视的是“芝麻”，那你丢失的就是“西瓜”。当你强迫对方在表面上同意你的观点的时候，就意味着他有可能在心里边跟你产生逆反了。也许你说的本来是对的，但是由于你利用强势强迫对方来接受，对方心里就有可能因此而跟你产生对抗。中国的年轻一代，尤其现在的“90后”甚至“00后”，他们是什么特点呢？他们出生的时候、小的时候，家里边已经有了一些条件，所以没有吃过太多的苦。这就意味着，他们以自我为中心的观念还是很重的，或者说他受不了委屈，所以你一强势，他有可能就走了：此处不留爷，自有留爷处。有的人虽不走，却也只是表面上不走，实际心里边已经跟你产生裂痕了。这都有可能。大禹的父亲为什么治水失败了？因为他用的是堵的方法，结果水溃堤了，淹了一大片土地，淹死很多人。我们应当学习大禹的治水方法，叫做“顺势而为”。顺势，就是要顺着它那个势头慢慢地把它泄掉。这个顺着势头是什么意思呢？比如刚才说的这种强势，上司用命令的方式逼着下属必须怎样做，这叫“堵”。那么怎么能够疏导呢？就是一定要以理服人。讲透道理以后对方明白了，他自己就找到答案了，换句话说，他自己就顺着那个势找到那个沟了，自己就会流了。这样的话，两个人是没有冲突的，力量是往同一个方向走的。

智慧开花

疏解人心：一个好的管理者是以理服人的：你是什么身份，你应该走在什么道、或者这个事应该怎么做，如此等等，讲得让对方能够接受。其实很多事并没有原则性的矛盾，往往就是沟通的问题。当我们对一些事的看法不一样的时候、有不同观点的时候，你能不能跟他去沟通？能不能跟他去交流？人与人之间的这种沟通与交流，尤其是面对面的这种交流，实际上是能够解决很大问题的。一方面把理讲明白了，对方容易接受；另一方面人与人交流的过程，也是一种发泄的过程，也就是说作为下属他是怎么想的，你让他把它发泄出来，发泄出来就等于帮他排毒了，而毒素一出来他心里就舒服了，就没有憋屈了，这时你再让他去做事，他就没有那么大的抵触情绪了，工作就有可能更顺利地完成。最可怕的是管理者一味地强调自己的强势，只用自己的强势来压着对方、不让对方说、让对方无条件接受。这样的话，对方表面上唯唯诺诺，心里却积累了很多负面信息和情绪。而当这些东西积累到一定程度，从量变到质变的时候，就一定会出现问题。

亲 仁

25

同是人，类不齐。流俗众，仁者希。

26

果仁者，人多畏。言不讳，色不媚。

27

能亲仁，无限好。德日进，过日少。

不亲仁，无限害。小人进，百事坏。

智慧启迪

决胜社交网络——见贤思齐

- 我们现实周边是一种什么样的人际环境？
- 要添加什么样的朋友扩大你的社交媒体？
- 自己亲近关注的人会对你产生什么影响？

25

tóng shì rén lèi bù qí liú sú zhòng rén zhě xī

同是人，类不齐。流俗众，仁者希。

智慧推送

人群现状：我们一定要认清自己所处的社会环境，有德行的人的占比是远远小于世俗人群的。同样是人，品行有高有低，善恶邪正各异，可谓良莠不齐。跟着潮流走的凡夫俗子很多，而真正仁慈博爱的君子却很稀少。

智慧快闪

追随仁者：每个人的层次都不一样。虽然有的人正能量多，有的人负能量多，但其实人人都是既有好的一面，又有坏的一面，都同时有正能量和负能量的，所以我们对别人不可要求太高。人在不同的情况下，会呈现出正能量的一面，也有可能呈现出负能量的一面。我们不要总追流行，为什么？因为人往下走是非常容易的，往上走却很难。越是容易的那条路走的人越多，所以我们不可追逐流行的东西，不要别人怎么做我也怎么做，千万不要有这种从众的心理！从众往往很害人，因为大家所选择的路一般都是最容易走的路、不愿意改变的路、不愿意提高的路。即便是身体上可适当随流俗，内心里也应努力去做仁者。要把握住“西瓜”、在“西瓜”那儿下功夫，让自己的内心符合仁者的做法，符合仁慈、博爱、为别人着想、利他等精神，时时刻刻念兹在兹。我们要想改变命运，靠的是什么？靠的是正能量。所以，不要被别人牵着走，一定要有自己的判断。这是很重要的。你若过分地跟着这些流行的潮流走，就是在跟着往下行。因为诸如仁慈、博爱、为别人着想、利他等等，这些理念与行为毕竟是比较少的，人，还是利己的多。认识到这一点以后，自己到底走什么样的路，就要靠自己来选择了。

智慧开花

收放自如：让自己的心真正时时走在正确的路上，这是我们努力的方向。什么是心的正确之路？就是如如不动！而且要知道什么是利他，要为别人着想。在心的这个层面上，也是分有为法和无为法的，有为法就是要利他。正所谓“静则一念不生”，一念不生，就是如如不动；“动则万善相随”，也就是要随缘，你遇到什么事，都要先为别人着想，要让自己时时刻刻处在这种状态中。

26

guǒ rén zhě rén duō wèi yán bú huì sè bú mèi

果仁者，人多畏。言不讳，色不媚。

智慧推送

仁者无敌：真正的仁者是无所畏惧、不可战胜的，是我们需要亲近的社交对象。如果有一位仁德的人出现，大家自然就敬畏他。因为他说话公正无私，没有隐瞒，又不讨好人家，所以大家才会生起敬畏之心。

智慧快闪

活水源头：有仁德的人，首先是一个利他的人，而利他的人就是无私的人。人为什么会痛苦？是因为有“小我”在才会痛苦。当你无私的时候、不想那个小我的时候也没什么痛苦。没什么痛苦意味着什么？意味着内在都是纯正的正能量，心中没有自私自利的时候，才能生出源头活水来。当一个人没有自私自利的时候，就能做到无欲则刚，就能够硬得起来、刚得起来。为什么人家会敬畏他？是因为他能够刚起来，这种刚，并不是表面上装出来的，而是在完全无私的情况下自然而然形成的一种气质，只要有这种刚就会令人尊敬。为什么？因为他对什么事都能做到大公无私。对这种人，人们自然而然会生起恭敬之心。

背尘合觉：讳是什么？就是说别人的好话，然后看别人的脸色，就是一切都捧着对方。为什么呢？人之道就是这么一个特点。当对方的地位很高，或者很有钱、有身份、有光环的时候，有些人就会上赶着去跟他凑近乎，一切都看对方的脸色行事。我们不要学这个，而是要学习天之道。天之道是什么意思？就是不要去谄媚。遇到比我们高的人，我们没必要去拍他的马屁，不要做锦上添花的事。那我们要做什么？要雪中送炭！也就是说，当遇到比较低的人，或者比较困难的人，我们可以主动伸出手，去帮他一把，这就符合天道。在世间，一定要符合天道，一定要天人合一。这个原则是非常重要的。仁德的人，他的行为都是符合天道的。正是因为符合天道，其能量也不是一般人可比的。我们观察一个人的时候，可以先看看这个人面对比他高的人时是不是非常谄媚。从他的行为、语言都可以看出来。如果他对地位高的人比较谄媚就意味着什么？就意味着他对其下边的人一定是非常冷淡的。基本上可以这样下断语。我们一方面要会识人，另一方面也要提醒自己应该怎样依道而行。当然也并不是说遇到领导我们一定要对他非常冷淡，不是这个意思。面对领导的时候，我们该尊敬还是要尊敬。但是尊敬不等于谄媚。有些人见了领导总是一大堆的好话，当然我们也可以说好话，你说好话别人对你会有一个好的印象，也是好事，但应适可而止，不要过多地去说谄媚的话。关于人与人之间的关系，古语云“君子之交，其淡如水”，也就是说，你要想把这个关系走得更长远的时候，最好要平淡一些。大凡表面上走得很近的、好像比较亲的人，反而往往很难走得长远。因为这样容易产生矛盾。我们要了解，人与人之间还是保留一点距离为好，距离产生美，这个跟谁都是一样的。哪怕是夫妻之间，也要保持一定的距离。夫妻之间互相敬重，也许就会使婚姻走得更长远。现在离婚率比较高，有很多城市甚至达到了50%。为什么呢？往往就是结婚的时候不顾一切，两个人拼命地爱，追求亲密无间，好像只要结婚了、一家子了，就什么都能说、什么都能做。殊不知就是这种心态，往往会激发各种各样的矛盾。因为它不能持久，就像暴风骤雨似的，虽然来得很大，但是却长不了。反倒是微风细雨，能够持续更久。

智慧开花

智慧之心：仁德的人，一定不是自私自利的。我们一定要为别人着想，要有利他之心。因为利他之心能够帮助我们生起正能量，而利己之心却只能增加负能量。要想帮助别人，一定要注意，先要从自己做起，先要做出来，千万不要只是盯住外边，那就错了。自己真正把自己修好、把自心修好了，这颗心就是一颗充满了智慧的心，而充满了智慧的心就是我们的源头活水。这活水若能源源不断地涌出来，那我们的生命就不枯燥，也永不会枯竭了，我们将常蒙智慧之水的滋润。有了智慧之水，无论做什么，也都会底气十足。我们要记住一个原则，就是一定要从跟自己最近的地方做起，首先我们自己先要做到，然后影响家人，然后影响同事，然后一点一点地影响更多人。这个顺序是非常重要的。

27

néng qīn rén　wú xiàn hǎo　dé rì jìn　guò rì shǎo
能亲仁，无限好。德日进，过日少。

bù qīn rén　wú xiàn hài　xiǎo rén jìn　bǎi shì huài
不亲仁，无限害。小人进，百事坏。

智慧推送

阳光社交： 我们要努力亲近仁者，构建并扩大阳光社交圈，不断提升自己的正能量。能够亲近仁德之人并学习他们，就会得到无限的好处。因为这样做会使我们的道德学问一天天地进步，同时过失逐渐地减少。不肯亲近仁人君子与圣贤教育，就会有无穷的祸害。因为各种小人会乘虚而入跑来亲近我们，日积月累，我们的言行举止就会受到不良的影响，事情就会弄得一败涂地，最后导致整个人生的失败。

智慧快闪

觅善知识： 我们要远离一些自私自利的朋友，尽量去亲近一些善友，向他们学习，就会得到无限的好处。每个人都有正能量也有负能量，你接触什么人，就会与他最突出的那些信息产生共振。比如你接触的这个人就是浑身负能量，思想、语言各方面负面信息都很足，慢慢地你的话里边也就开始带上他的那些口头语了。这是一个很自然的现象。我们一定要注意，尤其是当自己能量不足的时候，一定要留意自己的交友圈子，要尽量地找仁德之人、能够真正利他的人。长期亲近这些人，自然而然地你就会认为一个人为别人着想、利他是应该的，这样从量变到质变，时间长了以后，自己的价值观等等都会受到好的、正面的影响。当我们不断地去亲近这种善友、善知识、不断地让我们的阳气升起来的时候，我们的道德等各方面就会一天天地增长，能量也会不断地增加；与此同时，我们的过失、一些错误的思维和行为就会慢慢地、逐渐地减少。我们知道，孩子的特点是没有判断力，接触到什么、接触到谁，就从那些人、事、物里学东西。作为家长，给孩子找到一个善友、一个好的环境尤为重要。比如给孩子找幼儿园，一定不要只是以交费的多少来评价它的好坏，也不要以其所教的内容是不是很现代化，比如是否教英语、钢琴等所谓的高级硬件作为判断标准。收钱多、表面条件比较好，并不能代表老师的素质就一定很高。曾有一家集团化经营的幼儿园，很多家长认为收费那么高，应该是高级的幼儿园，花了很多钱把孩子托付到那里。殊不知后来爆出园里阿姨虐待孩子的大丑闻。如果你只追求表面的硬条件，而忽略了从业者素质的话，那风险就太大了。实际上，对孩子影响最大的还是幼儿园从业人员的素质，因为天长日久孩子在耳闻目睹间就会学习幼教老师的判断标准、思维方式。正所谓"先入为主"，小孩子接触谁就跟谁学，就会认为那是正常的、正确的。我们作为家长，在给孩子选择幼儿园的时候，一定要慎之又慎，特别是不宜以收费标准作为第一判断标准，价钱高不等于一定就有高素质的老师。最好还是多用点儿心，跟里边的阿姨、老师去接触一下，尤其是尽可能深入了解一下其中的负责人或者园长。因为"上有好者，下必甚焉"，当一个园长非常慈悲的时候，想必其下属也差不到哪里去；而当一个园长满脑子想的都是怎样赚钱的时候，恐怕其下属也好不到哪里去。当然，我们说选择老师很重要，但是一定要注意在选择老师的时候不能光听他说什么，因为现在社会上满嘴"仁义道德"的人大有人在，说得非常好听，但也许做的就完全是另一码事了。我们要通过一些细节进行观察，在一些具体的事情上去看他做得怎么样。幼儿园也好、小学也好，它们的管理者及教师对于细节是不是充分关注并倾注心力，这个非常重要。细节部分往往能真正代表一个教育机构的实际状况。"形象工程"谁都会做得很好，但若是一味地追求形象工程而在细节上却做不好，说明什么呢？说明教育者的心还没有真正静下来。一个确实发心比较善良、或者说发心比较正的教育机构，并不会一味地只追求表面光鲜，而是一定在细节上注意深挖。我们在评价判断的时候，不要只是看它的一些表面成绩，而是要看到它的细节，通过细节来观察教育者的内心深处，往往就能得到不少的启发。这个道理，值得我们在实际生活中一点一点地去体悟、去实践。

梳理圈子：智慧，跟我们世间一般的思维颇为不同。比如，中华文化告诉我们一定要利他、为别人着想、吃亏是福，一定要先让着别人。而一般的世间思维往往是以自我为中心、先考虑自己、自己不能吃亏。我们大家都在世间生活、工作、交友等等，在这个过程中，我们所接触的人大都是采用一般思维方式的人，都是以自己的小我为基础去思考、去发表自己的言论等。由于人是会受周围环境影响的，所以，当你经常接触到周围这些人的这种判断标准、这种思维方式的时候，势必会受到相应的影响。正因如此，我们学习一定要找对圈子，也就是说尽量找一些思想能够利他的人、为别人着想、能够生起正能量的人而不是自私自利的人交朋友。这样一来，大家都一起想怎样去为别人、去利他，互相鼓励的结果是，大家都能够进步。这个圈子里大多数人的言行、判断标准、价值观等等，会潜移默化地影响圈内的所有成员。当我们没有自己的判断标准、对是非善恶的判断没有十足把握的时候，就一定要先把自己的交友圈子认真全面地梳理一下。

内求转境：作为成人来讲，我们能不能随心所欲地去选择自己的环境？恐怕不是每个人都有这个条件。比如工作，有的人不得不上班挣钱养家糊口，若要挣钱的话，公司是不能随便换的，一方面可能工作已经干得很熟了；另一方面，在这个公司里好不容易有这么一个位置，也是很不容易的。这时若偏偏有个同事跟你闹别扭、让你非常不爽甚至还说你坏话等等，当然就非常痛苦，但你也不能轻易去换工作啊，因为没有这个条件。同样地，我们成立一个家庭，夫妻两个人结婚了，结婚后就生孩子了，生孩子以后双方却忽然觉得关系不太好、性格不大合，但是你们已经有孩子了，也不是想换就能换的。离婚吗？如果离婚就等于躲避，不能解决根本问题。所以，面对逆境，应保持内心坚定、如如不动，无论遇到什么都一定要向内求。向内求的意思是，不管对方是小人还是所谓“不合适”的人，我跟他在一起，他是他我是我，他说什么我不往心里去，我能内心如如不动，表面上我只把我应该做的做到、做好了，至于他说什么，我不听、不往心里去，这样就能“不被他转”。能够做到“不被他人所转”，一切都时时刻刻向内求的话，我们的能量就会不断增加，痛苦就不会随着外界变化而产生或加深，换句话说，命运就掌握在自己手里了。

智慧开花

突破常识：一般人的常识性思维叫什么？叫“意识”。应该说人的意识往往都是有问题的，为什么？因为意识背后产生的根源就是小我，自己的这个身体的小我。从智慧的角度讲，立足于小我的任何思维都可以说是错的。智慧跟我们的意识是不同的，所以我们要用智慧，要学习智慧，这是非常重要的。既然要学习实践智慧，就千万千万不要总想躲避，要知道，小人随时随地都会有，可以说每个人都有可能成为小人，都有小人的一面，都有恶的一面。反过来讲，小人也有好的一面，而且一定会有好的一面。我们面对逆境，就是要在小人、在坏人身上也要找到他的好处。这是非常重要的。因为你若在坏人身上还能找到好处，就意味着不会产生抗拒、躲避乃至厌恶的心理，如此就更能够做到内心如如不动了。做到了内心如如不动，那么你的各方面的正能量就会不断提高，这就对了。当我们对自己最害怕的人或事不再躲避，甚至能迎难而上了，那就意味着我们的能量增加了，意味着自己进步了，意味着自己的德行提高了一大步。我们每一个人都应努力淡化乃至渐渐去除分别心，因为这能帮助我们得到身心健康、家庭幸福、事业成功，得到可持续的成长。越是有分别心，越是害怕、想躲避、总敌视的地方，你就越向着它去！有句话说得好，敌人像弹簧，你强它就弱，你弱它就强，困难与逆境也是同样道理。我们遇到任何困难时都不要躲避，而是要迎着它去，这就对了。有小人的时候，我们本来是非常想躲着他，但是为了提升自己，甚至我哪儿有小人偏往哪儿去。为什么？因为如果他也能不往心里去的话，我们的德行就又进了一大步，就什么都不怕了。到那时你再看一看自己的心态，完全是另一个境界了。所以我们真正做到了这一点，那就没有什么人、事、物是不好的，这就真得到大自在了。

余力学文

28

不力行，但学文。长浮华，成何人。

但力行，不学文。任己见，昧理真。

29

读书法，有三到。心眼口，信皆要。

方读此，勿慕彼。此未终，彼勿起。

宽为限，紧用功。工夫到，滞塞通。

心有疑，随札记。就人问，求确义。

30

房室清，墙壁净。几案洁，笔砚正。

墨磨偏，心不端。字不敬，心先病。

列典籍，有定处。读看毕，还原处。

虽有急，卷束齐。有缺坏，就补之。

31

非圣书，屏勿视。蔽聪明，坏心志。

32

勿自暴，勿自弃。圣与贤，可驯致。

智慧启迪

学习引领成功——以读书为例

- 读书和做事是怎样的关系？
- 要采取什么样的读书方法？
- 要创造什么样的读书环境？
- 要选择什么样的读书内容？
- 要怎样学习才能走向成功？

28

bú lì xíng dàn xué wén zhǎng fú huá chéng hé rén
不力行，但学文。长浮华，成何人。

dàn lì xíng bù xué wén rèn jǐ jiàn mèi lǐ zhēn
但力行，不学文。任己见，昧理真。

智慧推送

知行合一：学习和实践是不可分割的，必须相辅相成。如果不能够身体力行地行孝、悌、谨、信、泛爱众、亲仁这些本分，而只一味地死读书，那么即使能掌握些知识，也只能是增长自己浮华不实的习气，而成不了真正的人才。另一方面，如果只是一味地做事而不肯去读书学习，想仅靠自己短浅的见识去办事，那也永远都不会明白真正的道理。

智慧快闪

行长正知：学文就是学道理、学知识，本来是好事，但如果只是学习这些东西，反而会成为一个人成长的一段弯路、一种障碍。你不知道很多知识的时候，也许还会以一种谦卑的心态去听别人的意见或建议；可一旦当你认为已知道了很多时，就低不下来了，就没法再谦卑了。人经常被自己的“所知”所限，学历越高的人往往就越难低下来，就越容易把自己摆得很高，于是就不断增长浮华，自然得到的就越来越少，最终很难成为真正的人才。我们把道理听明白了以后，就一定要去做，不做就不能真实受益，所以一定要真正做出来，要实践，要力行。正所谓“有知无行，增长邪见”，意思是：只是知道一些道理，而不去行、不去做，那么知道得越多，往往就越是徒增邪知邪见，就会出大问题。

知生正行：行而不知也不可取，也就是说，凡事只是一味去做而不明白根本道理也是不行的。在生活、工作中，每个人都有自己的为人处事方式，但如果你认为自己所行的必定合道，就太武断了。“但力行、不学文”，不学理论，而只知道盲目实践，只认为自己的见解是对的，那恐怕就永远得不到真理，就永远跟真理有差距。更值得警醒的是，很多所谓成功人士因为取得了一定的成绩，个人往往就会膨胀：“你看我曾经做过什么什么，我多了不起，我有什么什么成绩。”正是因为有成绩，他才会把自己摆得很高，就认为自己的这种思维方式是对的。就像我们上面讲的，那个成绩确实是他实践出来的，但是当他不懂理论、不懂普通的道的时候，就容易认为自己的实践就是一切、就放之四海而皆准了。实际上未必。有句话说得好，“吾未见人之不死其所长者也”，什么意思呢？就是说一般人都是死在自己最擅长的那件事上，因为一旦擅长以后就认为自己在这方面了不起，而一认为了不起，就麻烦了，就会出问题了。比如某个人是一个技术很好的司机，但也正因车开得好，他在开车的时候就很容易麻痹大意，而这样一来事故的发生概率就会大大提高。一个人从事任何一个行业，都一定要保持谦虚的心态，不要认为过去成功过就一定还会成功，实在讲，是不一定的。应当知道，是理论指导实践，而不是实践指导理论。须知理论之所以成为理论，是因为它就是规律，是永远不会变的。上升到理论层面的东西，就是不管到什么时候都是对的，这叫理论。实践则不同，当我们遇到不同的时期、不同的人、不同的事，实践的具体形式都会发生变化，也就是实践是永远在不断变化的。一定要用永远不变的理论来指导动态的实践，也就是用不变的来指导变的。我们无论做什么，只要按照这个方针去做这就对了。为什么？因为不变的是不管到什么时候、不管遇到什么人都不变，这就叫“真理”，这才是正确的。我们应有意识地拿这个标准来指导实践，而不是凭自己的想象、凭自己的感觉、感情去做判断，就合道了。在道的指导下做事，我们就一定可以少走弯路。千万不要完全靠自己小我进行判断，那样的话一定会出问题。所谓“有行无知，增长愚痴”，说的就是有的人非常重视做事，就知道埋头苦干，当然这种姿态是很好的，但是当我们在不明的情况下，不知道什么是对、什么是错，不知道自己所处位置的道是什么、应该做什么的情况下，一味只是去做就会增长自心的愚痴。也就是说，你虽然存了个好心，却也不一定能够有好的结果。我们看到，很多人在家里也什么活都干，而且做得很好，但却总是满腹牢骚，老是觉得别人对不起他，抱怨心非常之强，为什么会这样呢？就是因为他只是去做，而不明白道理。他不知道不应该抱怨，不知道心的状态是比任何做出来的事还要重要得多，更不懂怎么样去控制自己的心、运用好自己的心。这种人虽然在“行”上做得很好，很努力，付出也多，却往往会遭到家人及周围人的厌恶。为什么？因为其心念问题太大了，满脑子、满心都是负能量，看不起这个、看不起那个，老觉得别人都对不起他，结果导致周围人非常反感他。

智慧开花

保护天性：教育孩子最需要注意的是什么呢？是保护孩子的天性！现在很多家长在孩子教育问题上经常说“不能够让孩子输在起跑线上”，意思就是尽量在孩子小的时候就给其灌输很多知识，让孩子学很多东西，好像学得越多才越好。殊不知这种思想是有大问题的。尤其是在孩子 6 岁以前，当其天性还非常明显的时候，我们在教育孩子时一定要保护好这种天性，而千万不要破坏它。有的家长不懂这个道理，坚持让孩子两三岁开始就学习认字，然后读这个、读那个，读很多的经典，学很多的东西，好像读经典越早就越好。

这个认识是有问题的。我们的主张是，一定要保护孩子的天性。孩子小的时候不必让他读很多东西、学很多知识，让他干什么呢？天天玩！想怎么玩就怎么玩，天天开开心心地玩，这样就能保护好孩子的天性。在6岁以前如果孩子的天性保护得好，就像我们的手机充电一样，充两三个小时的电，能一口气用两三天。孩子在6岁以前如果天性被保护得好，就能够用一辈子，就是这么不可思议。所以说6岁以前是保护孩子天性的关键时期，千万不要给孩子很大的压力，逼着他干这干那，否则容易激起孩子的逆反心理，妨碍身心的成长。当然，如果有的孩子就喜欢做某类事，比如读诵经典，那就没有问题，因为喜欢做就是跟天性合一了，所以是未尝不可的。但有的孩子却是被迫的，这被迫往往就有可能损害他的天性，天性一旦受到损害就得不偿失了，孩子的逆反心理一产生，即便硬着头皮去做了，其天性也会受到破坏，那就等于"充电"也充不好了，会给他未来留下阴影。不要过早地给孩子灌输过多知识性的东西，而应以保护他的天性为主。这是我们很多家长在培养孩子的层面上需要去认真对待的。对"不要输在起跑线上"这句话，我们要了解到底什么是真正的起跑线。对此如果认识错误的话，就会影响孩子一生，是得不偿失的。因为过了这个村便没有这个店了，孩子过了6岁以后，再想保护其天性就晚了，因为充电时间已经结束了，孩子已经开始迈向用电的时候了。

累积能量：在人生长河里每天都坚持学习的人，哪怕笨一点儿、先天智力方面不是特别优秀，但是只要能够坚持、每天都有所进步，那么无论做什么都会成功，而且真正的成功一定属于这种人。我们做任何事情都不要太急，一定要让它可持续。所谓"可持续"，就是一定要能够不断地坚持下去，要学习龟的精神，傻下来、低下来、笨下来，傻傻地坚持，每天进步一点点。只要天天坚持，就能够不断地积累经验、能量，积累到最后，所有的工作都能够加总在一起。反过来，如果三天打鱼、两天晒网，即便短时间内做得非常好，很受人关注，但是若坚持不下来，就没有办法把所有努力的成果连在一起。总之，只要傻傻地坚持，就早晚可以实现从量变到质变的飞跃，其导向成功的力量是非常强大的。

29

dú shū fǎ, yǒu sān dào. xīn yǎn kǒu, xìn jiē yào.
读书法，有三到。心眼口，信皆要。

fāng dú cǐ, wù mù bǐ. cǐ wèi zhōng, bǐ wù qǐ.
方读此，勿慕彼。此未终，彼勿起。

kuān wéi xiàn, jǐn yòng gōng. gōng fū dào, zhì sè tōng.
宽为限，紧用功。工夫到，滞塞通。

xīn yǒu yí, suí zhá jì. jiù rén wèn, qiú què yì.
心有疑，随札记。就人问，求确义。

智慧推送

读书四法：阅读有四个重要方法：一是“三到”，二是“啄一”，三是“用功”，四是“破难”。读书的时候要讲究“三到”，即心到（用心地记），眼到（仔细地看），口到（专心地读），这三条都非常重要。正在读一本书时，就不要想别的书。这本书还没有读好的时候，就不要去读别的书。在制订计划的时候不妨宽松一些，但是在用功夫的时候一定要抓紧，万勿懈怠、偷懒。当我们日积月累的功夫到了以后，自然而然原来困惑的地方都能够打通、一切难题都能迎刃而解了。求学过程中心里有疑问时，要马上把问题记录下来，并且一有机会就要向良师益友请教，务必确认它们真实的意义、含义，一定要得到正确的答案才行，这就是认真学习的态度。

智慧快闪

合一状态：“三到”的主体是心、眼、口，“到”的意思是专注，“三到”

则要求我们读书时心、眼、口同时专注起来，心是本体，眼睛看见的是相，口中说的是用。心到、眼到、口到，三者要同时才能事半功倍。比如在工作的时候，我们眼睛所看的是相，是手头的工作，我们的心要跟眼睛合一，眼睛看到哪里，心就要跟它合一，同时你脑子里边的思维也得在这个事上。总之，要让这三者合一，这个是非常重要的。我们之所以在面对很多事情时容易累，往往就是因为心、眼、口没有合一。比如眼睛看着手头的这个事，脑子里却想着别的事，你这个相跟用是分离的，最关键的是心也没在这儿，这就叫心不在焉。当心不在焉的时候，就很难产生高效率。再以读书为例，如果能够按照三到同时、体相用合一的方法读书，即眼睛看着书，心也在书上，同时朗读或者思考也在书上，那么效率就不可思议了。

一门深入：古人非常慎重，不会轻易写一本书。如果写书，就等于对其一生的学识、德行的精华进行总结，而且惜字如金，有时一个字就包含很多意思。古人在学习、读书的时候，为什么提倡先集中精力把一本书读完呢？因为这一本书可能就代表作者毕生的经验，先读透这一本书，就可将这个人的思路、其一生的经验学到手。今天，我们在读书的时候也一定要选对书，不要什么书都看，要把有限的时间用在刀刃上，不必什么书都全力以赴地去读。现代社会，我们也可以采用听音频的办法，走到哪儿都可以听，不断地滚动播放，通过学习音频把一个人的思想全部学到手，然后再去学另外一个人的学问，通过不断地进行比较，所得到的东西才能真正成为我们自己的东西。不光是学习、读书要专一，整个人生的道路也要专一，每个人的路子都不一样，千万不要这个也学一点儿、那个也学一点儿，那样永远也学不透。最好能找到一位明师，将这位老师的思路、方法完全学过来，这叫“扎根学习”。

暂立长志：很多人喜欢制订计划，计划往往订得非常紧凑、严格，但是执行的时候却常常变成另一码事。这些人是常立志，而不是立长志。如果我们计划订得过于紧凑和严格，一旦做不到时，就会产生这样的想法：“得了，这次就算了，下次再努力。”可是这样一来，下次有可能还做不到，长此以往，做不到就会变成常态，这就麻烦了。与其制订了计划做不到，还不如把计划订得松一点儿，但是在执行上要不断地去抓紧，这样每次就都能按时完成计划，甚至还可能超值、超额地完成计划。如此一来，我们的自信心就在这个过程中不断地增强，日积月累、从量变到质变，终将实现质的飞跃。而这种质的飞跃，对我们身心各个方面都将产生很大的激励作用。

疑致突破：有句话叫“尽信书不如无书”，也就是说，当我们看到书上的某个观点时，如果马上就完全相信它，那就还不如不读书，为什么呢？因为很多书的观点都是有出入的。这并不是说哪个对、哪个错，而是说不同的观点往往是站在不同角度观察同样问题而得出的不同结论。许多人看书很快、看得很多，但是书中的精髓有没有真正吸收？恐怕未必。为什么？因为一本真正的好书，其观点往往是耐人寻味的，并不是很轻易、很简单地就能理解透的，需要我们去认真地思考。只有真正地思考了，书中的内容才能变成自己的。尤其是在面对不同的书、不同的作者时，我们更应该去思考、去提出问题，比如对同样一个问题有不同观点的时候，你能不能提出疑问，然后把它记下来，这是非常重要的。因为这个疑问不记下来的话很快就忘掉了。要不断地提出疑问来，正所谓“磨刀不误砍柴工”，你越会提问，学习效率就越高，往往学习了一件事就等于学习了几十、上百件事。因为你把其原理学明白了以后，后边就不用看了，以后碰到类似的事你都可以触类旁通。这个主要靠什么？就靠我们多提问并善于进行深度思考。有的人提问只停留在表面，根本就没有真正用心去思考，没有思考的提问就没有深度，没有深度的提问再多又有什么用处呢？首先我们自己要思考，思考之后仍得不到答案的时候再去问别人，问完了以后还要思考，思考不出来可以再问，这样循环往复，一定要把它弄得明明白白！也就是说，我们都要努力养成这种习惯，而这个过程本身就是让我们不断地去把自己不懂的弄懂，一点一滴地积累，这样就能逐渐对种种真相、真理有更深的认识。最后，当从量变向质变飞跃的时候，我们就已经实现了修身的目标，然后齐家、治国、平天下……这样一点点地随缘走，无论走到哪里、走得多高都不怕，因为我们已经把自己的小我修没了，换句话说，小我慢慢转化成大我了。

智慧开花

匠人精神：所谓的“匠人”，跟我们普通人的区别在哪里？应该说，匠人的自信心是非常强的。那么，这种强大的自信又来源于什么呢？就来源于平时一点一滴的积累，来源于从量变到质变的扎实演进。我们要学习匠人精神，平时就要不断地积累这种自信。人的一生，可通过不断地完成阶段性的计划而形成一个个较小的自我激励，也就是说，我们可以自己不断地创造出成就感，这个不用花钱，只要一件件地做出来就行了，只要每次都做得到，自信心就能不断增强。要争取每天进步一点点，这一点太重要了。而在这个过程中，我们千万不要贪多。有的人就是贪多，自己刚踏上一层楼，就望着十层楼顶，老想跟十层楼顶去比，这样越比就越自卑。因为你一定达不到。我们要现实一点儿，就是一定要每天不断地努力，而不要给自己定太大的目标。只关注自己每天进步的那一点点，体察自己有没有真正进步了那一点点！每天进步一点点的意思，就是自己只要比昨天强一点就好，而不要老拿最终的目标去比照，那样的话你每天得到的都是失望、都是挫败感，那就麻烦了。你要跟自己的过去比、跟昨天比，只要跟昨天比稍微有一点儿进步，就可以自我勉励一下：又进步一点，又自信一点。如此日积月累，就是一个能量积累的过程，积累到一定程度的时候，就定能水到渠成，结果自然而然地就出来了。这个结果，不是你求来的，而是你做出来的。特别要注意的是，人往往越急就越慢，所以千万不要着急，而是要脚踏实地，一步一个脚印地坚持每天进步一点点，切实重视量变到质变的过程。这个就叫“快反是慢，慢就是飞”。

30

fáng shì qīng　qiáng bì jìng　jī àn jié　bǐ yàn zhèng
房室清，墙壁净。几案洁，笔砚正。

mò mó piān　xīn bù duān　zì bú jìng　xīn xiān bìng
墨磨偏，心不端。字不敬，心先病。

liè diǎn jí　yǒu dìng chù　dú kàn bì　huán yuán chù
列典籍，有定处。读看毕，还原处。

suī yǒu jí　juǎn shù qí　yǒu quē huài　jiù bǔ zhī
虽有急，卷束齐。有缺坏，就补之。

智慧推送

净心书屋：要努力创造有助于心灵净化的读书环境，养成良好的学习和行为习惯。书房、卧房都要保持清洁，墙壁也要干干净净，桌面上的笔墨纸砚等文具要放置整齐，避免凌乱。目光所及处都井井有条，这样才能静下心来读书。古人写字使用毛笔，写字前先要磨墨。如果心不在焉的话，墨就会磨偏了。字写出来如果歪歪斜斜，就表示心是浮躁不安的。对书籍课本应该进行分类并排列整齐，各自放于固定的位置。读诵完毕，需将书归还原处。即使在有急事的时候，看完书也要把它顺手合上并放回书架，要养成这种良好的习惯。遇到书本有残缺损坏时，应立刻修补好，使其保持完整，这是对书的恭敬爱护。

智慧快闪

心境互通：人的心灵和周围环境是相互影响的。环境会对人产生影响，当我们走进一个非常庄严清净的房间时，内心就会升起恭敬之心，这种恭敬心是非常难得的。相反，当我们处于一个非常脏乱的环境里时，就容易懈怠下来。对我们平时所见的、所经历的、所接触的地方，都要使之保持清净、整洁，而好的环境实际上也能反哺我们。通过改变环境来影响自己的心，让自己的心能够处在一种安静、洁净的状态里，那对我们的影响就太好了。另一方面，人的内心也会影响周围的环境，因为心的力量、能量是无穷大的。当我们的心能时时处在一种至善的、如如不动的状态下时，也会不断地对周围的一切产生积极、正面的影响。

念头专一：做事的时候，自己的念头一定要专。比如，写字时就要把注意力放在写字上，不能一会儿想这个、一会儿又想那个。想别的事就不是全神贯注，而不能全神贯注，就说明自己的心在牵系其他无关的事。一个人心的状态如何，直接反映在他的所有行为上，乃至在一举一动中都会有所体现。我们经常看到，某一行业的大师级人物在达到一定层次以后，哪怕所做的只是一件非常普通的事，都会给人一种气定神闲的感觉，这就是内心状态的呈现。日常生活中也有类似的例子，比如叠衣服，本来是多么简单的一件事，一般人可能认为枯燥无味，但一个心静的人叠衣服，其动作就会令人感到那么美、那么定、那么安然。相反，有的人则非常急，干什么都风风火火的，这种人的心就是定不下来，其行为与内心也是完全对应的。我们的字体、动作乃至一切行为都是我们心的反映。当我们真正不断地去修自己的心，逐渐能够让心定下来的时候，行为上也一定会有所改变。所以，我们要把关注点放在怎样修这颗心上。

重视过程：凡事无论大小，我们都要重视所有的过程，而不要只盯着最后的结果。比如生活中我们用一样东西，用完后一定要及时地将它放回原处。为什么？因为积重则难返。不妨想象一下，一个房间原本非常干净整齐，有个人住进去不久就变得非常地脏乱，何以如此呢？就是因为他使用任何东西后都不放回原处，这种惰性导致环境的脏乱愈演愈烈。本来，把东西归位是非常简单的一个动作，可他偏偏不做，或者总想回头一揽子地去做，但房间环境的脏乱却是一点一点导致的，这个动作弄乱一点儿，那个动作弄乱一点儿，慢慢地整体看上去都非常乱了，而这时再要收拾，就不那么容易了。这个例子告诉我们一个什么道理呢？就是我们要走好人生的每一步，凡事不要只看结果，而是要重视每一个过程。很多人往往只看结果，这样的人若是住进一个干净房间后就会说："我走的时候把房间打扫干净就行了。"这句话本身是在强调结果，强调走的时候弄干净乃至恢复原样，因此在住的过程中，这个人就任性地贪图舒服，不愿随时整理整顿，于是垃圾就一点一点地增加，脏乱程度也在一点一点地积累，这正是从量变到质变的过程。最终，它会造成这个房间原本的干净整洁状态完全被破坏，而且破坏程度越来越深。到这个地步时再想把它还原到最初的样子，恐怕就没那么容易了。这就是所谓的"冰冻三尺非一日之寒"。人，往往凡事开始时想得很容易，中间常常因为懈怠而忽略了过程建设，而到最后关头便会发现后悔莫及。就是说，当最后你认识到先前想错、做错的时候，已经来不及补救了。很多人的失败都败在这上面。话说回来，如果我们能在过程中、在每一个具体细节上都注意养成并保持良好的习惯，那么首先会吸引好的信息和正能量聚拢过来，同时良好的习惯也会让我们收获更多的人生硕果。人都有个身体，如果让这个身体太舒服的话，它就会越来越懒。而当我们养成一些好习惯，比如说弄脏的地方马上打扫干净、拿了东西用完马上放回原处……养成这些习惯以后呢，再做这些事就不觉得是负担了。当然开始培养习惯时有可能会觉得很累，因为不习惯嘛！那么问题就是：最初不习惯的时候，你能不能咬牙坚持住？你只要坚持住并养成习惯后，就再也没有什么痛苦了，就成为自然而然的事了。这实际上是一种思维方式，也是一种生活态度。事虽然都是小事，但我们可以从中养成良好的生活态度，而这个生活态度，却可应用在工作及生活的一切场景中。比如当我们养成整理整顿的好习惯时，就能够时刻保持头脑清醒，所处的环境再也不会一锅粥似的混乱不堪，而是变得井井有条。相应地，外在环境清爽了，我们的内心也会变得更加澄明并充满智慧。

遇急不乱：当我们突然遇到急事的时候，一定要先把手头的事收拾、安顿好，因为人在着急的时候容易做错事，很多失误都是在着急的时候产生的。即使遇到非常急的事，我们也要做到如如不动，保持住自己安定的心态。这可通过一些日常的小事进行练习，比如在着急的时候也要把书放回书架原处等等，从而养成良好的习惯。这类好习惯一旦养成，就一定能影响到我们的内心，令我们远离急躁冒进。因为如果心里一急就马上行动的话，就会内外都急，必然容易出错。而如果已经养成从容做事的习惯，那么行为上的慢就可让我们先定下来，让内心也不那么急了，于是就可少犯错误。这就是“急事缓办”的道理所在。

智慧开花

修补内心：遇到书本有残缺损坏时，应该立刻修补好，使其保持完整，这是对书的恭敬爱护。实际上不只是对书本，对万事万物我们都要有一种敬畏心、恭敬心、爱护心。比如家具出现了损坏的地方，最好很快就修补好它，这样我们每天感受到的都是完整、完美，就非常舒服。当我们心情舒畅的时候，心态也更容易平和、安定下来。反之，若每天看到的都是残缺的东西、坏的东西，我们下意识中就会产生不好的念头，这对我们的身心健康是不利的。实际上，每个人周围的环境，都是其内心状况的外在显现，居住的环境当然也会影响我们的心态。对经常住的地方，我们一定要尽量搞得干净整洁，不要出现残缺，有问题时要及时修补好。为什么呢？因为无论是修补物品还是修补居所，表面上修的是外面的东西，实际上都是在修补我们的内心，让我们的内心不断地趋向真、善、美。这种影响是潜移默化、十分微妙的。我们确实是很容易受到环境影响的，当我们内心没有足够的力量时，就要有意识地选择好的环境居住，选择好的朋友交往，这样就能够由外及内地影响我们的内心往好的方向成长。

31

fēi shèng shū　bǐng wù shì　bì cōng míng　huài xīn zhì

非圣书，屏勿视。蔽聪明，坏心志。

智慧推送

圣贤经典： 读书一定要选择经典之书去读。对于不是传述圣贤智慧的、合乎天地大道的经典书籍、不是君子（能够舍弃小我、拥抱大我、自利利他、为别人着想的人）著述的具有强大生命力的书籍，最好敬而远之，至于那些有害身心健康的不良书刊，就更应摒弃不看。否则，就会蒙蔽我们的聪明智慧，败坏我们纯正的志向，把我们的天性往坏的方向引导，使我们的身心受到污染、心智变得不健康。

智慧快闪

读经启慧： 中华文化中的优秀经典是符合天道（宇宙自然法则）的，所以要多读经典。经典的东西越是读得多、读得深入，就越能跟整个天地的能量产生共振，就会启迪我们的根本智慧。读一本好书，就是与君子为伍。君子的特点是什么？是利他、为别人着想，所以君子是堂堂正正、正能量很足的人。而“小人长戚戚”，小人的负能量巨大，就是因为他们一直为自己着想、自私自利。我们要特别注意那种小人写的书，特别是当他的文采很好、表达能力很强的时候，也会把自己那种自私自利、小我的思想用非常华美的语言和词藻表达出来，甚至能吸引相当多的受众。但可怕的是，如果其书中表达的思想本身是助长小我、助长贪欲的，那么看书的人就会被他所影响，也会去效仿怎样立足自己的小我去要求别人。这种书籍如果有人不幸看到了，所受的伤害就会非常大，很容易把他们的本来智慧掩盖起来。有时，一本书甚至会影响一个人的价值观、人生观、世界观，所以我们要选好书、选对书。比如稻盛和夫、任正非，这些人的著述和观点是可以看的，因为他们的思想是真正合道的，不是宣扬自己小我的那种，看了以后可以励志，让我们也能够合道。在现代社会，信息的传播越来越便利，但同时也带来泥沙俱下、鱼龙混杂的问题，因此，不光是书，包括网上的很多言论、各类媒体发布的东西，真的不是说看得越多越好，而是要智慧地进行取舍。

智慧开花

专恒深入：学习、读书并不是说学得越多、看得越多就越好，要把有限的精力放到正确的地方、用在最究竟的内容上。选择学习什么、不学习什么，这是目标和方向，是非常重要的。不是说付出的时间越多就越好，如果方向对了，那当然是付出精力越多越好，但是如果方向错了，那还不如不看、不学。慎重地选一本正确的、向上的书认真地阅读、学习，一点一滴地按照书里的要求去做、真正做出来，就足够我们受用一生了。

32

wù zì bào wù zì qì shèng yǔ xián kě xún zhì

勿自暴，勿自弃。圣与贤，可驯致。

智慧推送

滴水穿石：水滴石穿，唯有坚持才能迈向成功。在困难和挫折面前，要坦然面对、淡定平和，心中充满正能量，努力创造善的环境，才能转化负面信息、产生正面信息，进而改变命运，走向成功。虽然并非每个人天生都是圣贤，但实际上每个人都有无穷的潜能，只要坚持后天的培养学习，循序渐进地提升自己，经过不懈奋斗，每个人都可以创造自己美好的未来，甚至成圣成贤。

智慧快闪

不恼坏事：不要用自暴自弃的情绪来对待所谓的坏事情。为什么会祸不单行？遇到不好的事，大多数人的心里很容易有负面的情绪、不好的信息冒出来，从而形成负面环境，而这种负面环境又会迅速催生新的不好事情。怎样才能避免祸不单行？遇到不好的事，如果能生起好的情绪来，那后边可能会发生的祸就有可能因为你的情绪一转变而不再出现了，就大祸变小祸、小祸变无祸了。不管发生怎样不好的事，我们若都能生起感恩心、用善的心念来对待，这种情绪和心态上的变化就会产生好的信息和正面能量，就能逐渐改变事情发展的周边环境，而周边环境一旦向好的方向改变，坏事情也会向好的方向转化。

不欣好事：要用淡然平和的情绪来迎接好事情。为什么说福无双至？面对好的事情，大多数人的心态是骄傲乃至膨胀起来，而这种负面的情绪和信息就有可能阻碍另一件好事情的产生和到来。那该怎样达到福可双至的目的呢？当我们能坦然面对一切好事的时候，内心就保持了一种平和的状态，也就是如如不动的状态。正因为没有起心动念，所以就再也没有负面信息产生，于是好的事情就有可能接连不断。

智慧开花

心想事成：我们要坚信，只要经过学习和力行的交互反复训练，每个孩子都能获得成功甚至成为圣贤。每个孩子都是好孩子，作为父母，对孩子的影响首先是在心理层面的。民间有句话叫“母亲的意、孩子的身”，作为母亲或父亲，你怎么想自己的孩子，孩子就会变成怎么样的。你认为自己的孩子行，那孩子就会越来越行；你认为孩子不行，那孩子就会不行给你看。不可思议的是，当我们真正把每个孩子都看作好孩子的时候，孩子就一定会以实际行动证明他们是好样的，甚至那些调皮捣蛋、有很多这样那样问题的孩子，也能把他们好的一面呈现在我们面前。只要我们想着、希望孩子好，那就是正面能量、阳光信息；而如果我们对孩子抱有负面态度和情绪，像抱怨、嗔恨、失望等等，那就只能增加负面信息、造成负面环境，再好的孩子都可能被明珠投暗，那就太可惜了。愿天下真爱孩子的父母们，以圣贤智慧为指针，常思依道而行，与孩子共享生命成长。

能带来无上幸福感的事业：以创新出版推动对传统童蒙读物“立身行道”特点的再认识及再应用（代编后记）

近年来，随着国学热的兴起，传统童蒙读物的现代出版也呈现井喷之势，《三字经》《弟子规》等如雨后春笋般涌现出来，有力地传承了传统文化精神及传统教化理念。与此同时，教育界也积极呼应，许多中小学校已把部分传统童蒙读物列为重要的阅读教材，有的学校组织专家对它们进行重新校释，增添了富有时代特色的事例，并与出版社合作出版了校本教材；有的学校在教学中还将童蒙读物的文字配上曲谱，教孩子们唱诵……这些都是十分可喜的文化现象，也从一个侧面反映出传统文化的内在生命力。

然而，在传统童蒙读物大量出版、发行乃至被中小学教育广泛采用之际，也不乏质疑乃至反对之声。有一种批评的声音相对来说比较温和，认为对这类读物中的封建的、僵化的、迂腐的东西不应宣扬，要坚决摒弃，这虽然是比较中肯的、有建设性的意见，但持论者对传统文化的精髓是否能全面把握尚可存疑。而另一种声音则显得十分极端，即主张对传统文化的基本价值取向予以全盘否定，武断地认为传统童蒙读物所反映的思想保守落后，几无任何可取之处，这当然可说是极其无知与盲目的结论。但无论是哪一种情况，都对传统童蒙读物的现代传播提出了新的、更高的要求。

围绕这些质疑，我们当认真思考：如果说传统童蒙读物确有不可替代的价值，那么这价值到底是什么？其文化与教化的内核又是否仍适用于当今时代与社会？如果说仍然基本适用，又该如何做好“古为今用，传承文明”的功课？实际上，传统文化的基本特点是“重道向道”，而“在生活实践中立身行道”的传统教化理念与现代价值观在根本上是完全一致的，关键是结合传统童蒙读物的基本特点与导向，探索其现代传播方式，以发挥其更大的文化与教化作用，以有利于人心的成长和社会的建设。

在当今传统读物的出版和传播过程中，《弟子规》的存在感很强，实际上反映了其作为儒家圣贤之道的启蒙读物，占据着十分重要的地位。质言之，《弟子规》并不仅仅是一本识字书，还是一本饱含传统文化精神特别是儒家精髓的启蒙读物，是通过教化传承文化乃至于圣贤智慧的重要载体，体现了“童蒙以养正”的基本理念和方法体系。而在传统文化的语境中，“道”就是传统中国人所认可、所推重的最有价值的东西，相应地也内在地规定了人们的世界观、人生观和价值观。要理解传统童蒙读物的独特价值，首先需要对传统的中国人“向道、证道”的内在追求有一个正确的了解和把握。

中国的文化传统是讲道、法、术的，又强调“取法乎上”，既然“取法乎上”，就并不局限于对具体的、有限的知识和常识（即法、术层面）的学习和了解，而更强调和重视从“向大道、证大道”这一层面来开启每个人的本智，令人彻悟宇宙的实相并体验到真正幸福圆满的人生。特别值得注意的是，传统理念认为，开启本智应该从童蒙教育抓起，正所谓“十年树木，百年树人”，“千里之行，始于足下”。正因如此，传统童蒙读物的“载道”色彩是很浓厚的，而这种“道”，主要就是儒家主张的通过在日常生活中修身、修心以体会天地万物的至理并获得人生至乐的圣贤之道，也就是《弟子规》提倡的通过“亲仁”的努力而达成“圣与贤，可驯致”的人生实践。“亲仁”，其核心就是追求个体的“证道”并乐在其中，是中华文明最重要的传统和道统。遗憾的是，后人对这一道统的认识渐渐流于肤浅，对以颜回、陶潜为代表的向道、乐道者的内在精髓也越来越缺乏了解，世俗社会中甚至出现了若干矮化甚至贬低他们的倾向。在这样的大环境下，无怪乎有些人认为传统的东西“无甚可取之处”，对传统文化的复兴抱着漠不关心甚至不以为然的态度了。

明白了这一点，再回头来看《弟子规》，会发现这部童蒙养正的著作并不简单，完全体现了儒家“重道向道”的思想精髓和教化导向，立意之高大大超乎一般现代人的想象。所以，我们不能误以为它是单纯面向少儿的读物，而应从“载道”的层面上加深对它的理解并力求进行更为准确的解读。

从字面来看，《弟子规》所载的都是伦理道德、行为规范，实际上却正是这些，铺就了向道、证道的“阶梯”乃至“坦途”。儒家认为，“道”的本体不离自心、不离当下、不离生活，所谓“道不可须臾离也，可离非道也”，因此，在实践方面就教人“造次必于是，漠沛必于是”，主张在世俗生活中成就道业，具体来说就是“修身齐家治国平天下”。而所谓“修齐治平”，就是在个体、家庭、社会等不同层面上立身行道。在这样的传统文化背景下，“一个人从童蒙时期就应在生活实践中立身行道”的教化理念便应运而生。而在生活中，立身行道的根就是“孝道”，即从孝敬父母开始，再推己及人，所谓“老吾老以及人之老”，可以说非常符合人性特点与自然之理。《弟子规》也是这样，将“入则孝”作为立身行道的根本和出发点，进而要求人们在日常生活中努力做到“出则悌”“谨而信”“泛爱众，而亲仁”“有余力，则学文”等几个方面，并给出了起心动念、身体力行的具体做法，实属难能可贵。

《弟子规》主张“立身行道”，其精神与今天我们倡导的社会主义核心价值观也基本相通，特别在“文明、和谐、诚信、友善”等主要与个体修养密切相关的方面，更是高度一致。比如，关于“文明”与“和谐”，就有“路遇长，疾趋揖，长无言，退恭立”，极显尊长敬老之风；有“财物轻，怨何生，言语忍，忿自泯”，明示和合无诤之本；有“斗闹场，绝勿近，邪僻事，绝勿问”，强调摒除一切恶缘；有“执虚器，如执盈，入虚室，如有人”，简直就是端身慎独的生动写照。关于“诚信”与“友善”，有“借人物，及时还，后有急，借不难”，体现了诚信利人也利己的圆融；有“见未真，勿轻言，知未的，勿轻传”，提出了对一个稳重成熟的现代人的基本要求；有“凡是人，皆须爱，天同覆，地同载”，直道出全人类实为一命运共同体的事实；“己有能，勿自私，人所能，勿轻訾”，则推崇奉献社会、欣赏他人的高尚品质……如此等等，与现代社会所倡导的尊重人、培养人、塑造人、成就人的人本主义价值取向是完全相契的。而在实践方面，传统的童蒙教化似乎还具有更高的可操作性，像《弟子规》就十分具体形象地教人如何在日常生活和为人处世中培养好习惯，使人在提高心性修养的过程中逐步悟道、证道、行道、乐道，将立身行道完全贯穿于日常生活中，乃至于具体到衣食住行的各个细节，如“对饮食，勿拣择，食适可，勿过则”，“衣贵洁，不贵华，上循分，下称家”，“将入门，问孰存，将上堂，声必扬”，“步从容，立端正，揖深圆，拜恭敬”，等等，都可令人很快地领悟到应如何去做，可谓要达成的目标极高（悟道乐道）而可下手处又极为平易（日常言行），其所带给个体的好处将是“成圣成贤”，带给家庭乃至整个社会的好处将是和谐有序、无为而治。

实际上，今天一些人对传统童蒙读物抱有抵触乃至反对的态度，一方面可归因于偏见或傲慢，另一方面也可能是传播环节的不足导致的。换句话说，如果能对传统童蒙读物“重道向道”的特点进行明确的揭示，对其所体现出来的整体的、辩证的、人与自然和谐统一的思维方式及“前后互见”的特点进行充分的阐发，对传统文化的精髓特别是其中的智慧之学结合现代生活进行细解的话，那么传统文化的现代接受可能就会呈现出另一番景象。且仍以《弟子规》为例，首先，其“总—分—总”的整体结构实为其最引人注目的“亮点”，总纲先简明扼要地提示了“圣人训”的几个方面，正文则从各个角度具体列出了如何去用心体会并力行“圣人训”，最后收束时强调自尊自重、循序渐进、努力不懈行道的重要性（“圣与贤，可驯致”），几个部分之间实际上存在着有机的、内在的联系，是相依而成的。再从全书每一篇内的前后章句来看，也充分体现了教化内容上前后呼应、互补互见的特点，如“入则孝”一篇，对前面的“父母责，须顺承”有人或理解为对父母唯唯诺诺而毫无主见，实际上绝非如此，因为后文还有父母做得不对时作为儿女应该力行规劝的章句，即“父母过，谏使更”，而且还要求做子女的时刻注意自己的身份并采取委婉的方式，即“怡吾色，柔吾声”，在父母不接受劝导时“谏不入，悦复谏”，甚至不惜“号泣随，挞无怨”。试问这种坚持真理、不姑息错误的可贵精神，即使今天又能见到几何呢？由此可见，在过去，无论是父母还是子女，在上和下敬的同时，都是以追求真理、坚持真理为根本旨归的。此外，在智慧的实践方面，《弟子规》也充分强调了知与行的辩证关系，正所谓“但学文，不力行，长浮华，成何人。但力行，不学文。任己意，昧理真”，实可称得精辟。因此，传统的童蒙读物虽然看起来简单，却实不简单，充分体现了辩证法的精神，闪耀着大智慧的光辉，实在堪称中华民族的宝藏。

体幽察微，我们认为，现代中国人对于古代经典，之所以守着宝山却不能受用，并不一定是数典忘祖抑或是对传统智慧不屑一顾，更大的可能是不能全面深入地了解和理解经典的真正精神，不能将这些珠玑一般的智慧运用于实践并产生自利利人的效果。基于此，对经典进行现代化、大众化的解读并通过现代传播方式进行普及，就成为十分迫切的时代需求。山东大学出版社顺势而为，邀请对中国传统文化有深入研究和独到见解、在以传统的智慧心法导人合大道、行至善，实现家庭幸福、事业顺遂的实践方面也成就感满满的赵城立先生，主编了这一本图文并茂、适合于亲子共读的《弟子规图说今解》，它的出版，一定会为传统文化和智慧的现代传播贡献新方案，提供新借鉴，带来新启示！今后，我们还将在总结本书出版经验的基础上，继续推出其他古代经典的现代解读系列，名之为“中华传统智慧图说今解”，敬请期待！

这是一项共享生命成长的事业，也是能为一切有缘人带来无上幸福感的事业！其中之甜蜜、有力，唯志同道合者知之。

策划编辑　秦大忠

2020年7月16日